勇往直潜

Guillaume Néry

自由潜水的极限生活体验

PROFONDEURS

UNE VIE EN APNÉE AUX FRONTIÈRES DES LIMITES HUMAINES

原著：[法]纪尧姆·内里（Guillaume Néry）
合作：[法]吕克·勒瓦杨（Luc Le Vaillant）
翻译：杨　森

海洋出版社
2016年·北京

“消失在深水中或者消失在遥远的地平线上，将自己连接深邃或者无限，这就是映照在水的命运之中的人类的命运。”

——加斯东·巴什拉（Gaston Bachelard）

《水与梦：论物质的想象》

献给茉莉和玛伊露

献给我的父母

献给洛克

序

提笔写这篇序言的时候，我和整个界拓团队刚刚结束南宁的出差任务，坐在赶回北京的飞机上。这种一个活动接着一个活动的忙碌，已经成了我们生活的常态。

一年里，界拓自由潜水学院形成了包括近20位教练在内的专业教学和管理团队，协助AIDA CHINA组织并承办了泳池和深度两次自由潜水国家级赛事、中国首届自由潜水国际裁判班和中国首届自由潜水教练班。邀请Natalia Molchanova，Alexey Molchanov，William Trubridge，Jean-Pol Francois，Aharon Sololoms以及Guillaume Néry等世界级的自由潜水名家来到中国进行教学和专业交流。在中国国内建设了北京，成都，武汉等十个训练基地及俱乐部，以及印度尼西亚，菲律宾，帕劳，墨西哥等地的海外训练营。

值得欣喜的是，界拓自由潜水学院带动的不只是中国自由潜水界的技术提升，更因为注重市场运营而让这项运动在中国得到了迅速普及。也正是因为如此，Guillaume Néry这本书的中文译本才能如此顺利而迅速地出现在大家面前。这里我还想特别感谢一个人，我们的好兄弟张也，这本书的出版他功不可没。

Guillaume Néry，一位将自由潜水从一项极限运动转变成一种生活方式的自由潜水艺术家，震撼世人的不只是成绩，更是情怀。

很幸运，因为工作原因，我成为这本书的前几位读者之一。在这本书中，我看到 Guillaume Néry 对自由潜水的无限热爱，从而更加了解像他和奥林这样真正爱着这项运动的人。而我和很多人，则因为对这些美好人儿的爱，愿意努力为他们创造一个更广阔的空间，将自由潜水这项运动在中国推广并普及。

生于陆地，长于深海；
拓界阔疆，是为界拓。

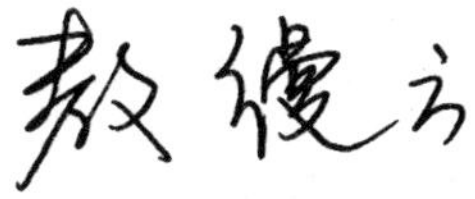

界拓自由潜水学院 CEO
2016 年 10 月 9 日 23:35
于南宁飞往北京的航班上

译 者 序

一日，师姐丙奎发来信息，问我有没有兴趣翻译一本跟潜水有关的书。书的作者叫纪尧姆·内里，我上网看了一下他的资料，发现他出生于1982年，是法国自由潜水世界冠军。同样是80后，拉近了我与作者的心理距离。封面的照片上内里外表英俊，眸子中仿佛闪烁着地中海的阳光，我心里暗暗花痴了一下："真是本来可以靠颜值吃饭，却偏偏要靠才华呀。"

翻开了书的第一页：

> 人生是第一口呼吸到最后一口呼吸之间的距离。我的潜水经历则是一次又一次地行走在最后一口呼吸到第一口呼吸之间……我像一个土地丈量员，丈量着一个隐匿的世界的底部，一米又一米地用眼睛记录下宇宙建筑的图景。我大口地呼吸，体内气息流动，不断追问着"我从哪里来，又要回到哪里？"这个问题，我是一个生活在垂直方向的人，如同肥皂泡，上下求索，追寻人生问题的答案。

越往后读，我越发现这本书不仅是一本传记，也不仅关乎潜水，而且还有很多哲学的思考。我觉得这是一本丰富有趣的书，所以很快决定接受这本书的翻译任务。

整本书的结构，总体看来，从准备活动到出发、下潜的最初几米，下潜至 30 米处、50 米处、100 米处、超过 100 米、回升、回升至 30 米、10 米、回到水面，就是一次潜水的过程。每一章围绕着特定的深度，描述在此深度自由潜水员产生的心理及生理反应，其间穿插着内里的成长回忆。整整一个夏天，我都沉浸在这本书的翻译过程中，仿佛跟随着内里，经历了他的成长，经历了一次想象中的自由潜水。

在翻译这本书之前，我无法想象有这样一群人，不凭借任何潜水设备，只穿着潜水服和脚蹼，吸上一口气，就潜到水下 100 多米深处。王安石在《游褒禅山记》中写道："夫夷以近，则游者众；险以远，则至者少。而世之奇伟、瑰怪，非常之观，常在于险远，而人之所罕至焉，故非有志者不能至也。"确实，随着海水深度的增加，一个个不寻常的瑰丽的世界在内里的眼前打开了。我印象最深的就是他对尤卡坦的小天使洞穴盐跃层的描写：

> 这里就形成了一个魔鬼的漩涡，一条水下河流，一个靡菲斯特般的仙境，你可以听到咕噜咕噜的声音，水里冒着泡，就像是一杯饮料，有毒的气泡发出爆裂的声音。可是，你猜，从这个冒着气泡的稠液中产生了什么？产生了一个水下森林，由断裂的树枝，正在腐烂的树干和成堆成堆的腐烂的树叶组成的水下森林。

除了不寻常的景色之外，随着下潜，人会发生"沉浸反射"，即血液从四周流出而集中到心脏等要害部位，心跳放缓。这是人的一种生理机制，但是却长久被遗忘。所以，自由潜水的过程也是一个唤起人类原始记忆的过程。并且，大海是人类诞生之地，人在大海深处，犹如处于子宫之中，会忘却人世的喧嚣，由此，自由潜水又提供了与自我产生连接，与自我相遇的机会。内里是个很内省的人，并且应该读了很多书。他在谈潜水的同时，还谈到人类的起源，宗教和哲学，谈到中西医学及健康饮食。所以，相信不同的人可以从这本书中汲取到不同的营养。

为了翻译这本书，我查阅了很多相关的资料，还看了一些关于海洋，关于潜水的影片，其中包括表现自由潜水员的经典电影《碧海蓝天》以及韩国电影《季春奶奶》。同时，内里的脸书和国内的各种潜水经验帖也给了我很大的帮助，增加了我对原文的理解。可以说，这次翻译过程中，互联网的作用功不可没。并且，通过浏览网上的帖子，我发现，我国的自由潜水事业也开始慢慢兴起，并且已经取得了一定的成绩，国内自由潜水爱好者也越来越多。希望这本小书可以让更多的人了解自由潜水这项运动，了解内里这位自由潜水大师。

在译稿付梓之际，我想借此机会感谢我的法语启蒙老师王猛老师，我的导师王宏印老师，法语老师李树芬老师，Lesly 老师；感谢我的父母；感谢李丙奎师姐、同学徐海龙、妹妹杨焱，表弟王钦；感谢海洋出版社的编辑们；感谢爱人王誉霖一直以来的支持与陪伴。如果没有他们，我是无法完成这本书的翻译任务的。

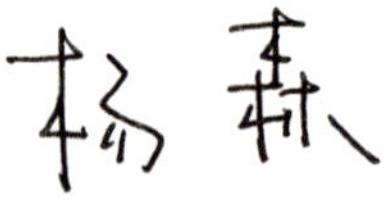

时期
海相比，我更加熟悉高山，
这并不妨碍我到河里去。

那年我 20 岁
正准备打破我的第
一个世界纪录。

集体欢呼
赢得了世界冠军的头衔，
那是我人生的转折点。

团队伙伴

和克里斯蒂昂·玛尔达姆（Christian Maldame），摩根·博尔伊斯（Morgan Bourc'his）在一起，他们是2006年至2011年我在法国国际自由潜水发展协会（AIDA FRANCE）的团队伙伴。

我的“幕后英雄”们

没有他们，就不会有我今天的一切。

2013年6月15日
我以127米的成绩
打破了世界纪录。

我的蓝色潜水服
令我更好地融
大海的环境中。

面对面
与地中海蓝色
海水。

上升
力量与协调的
趣结合。

冰层之下
在芬兰一个结冰的
湖的冰层之下。

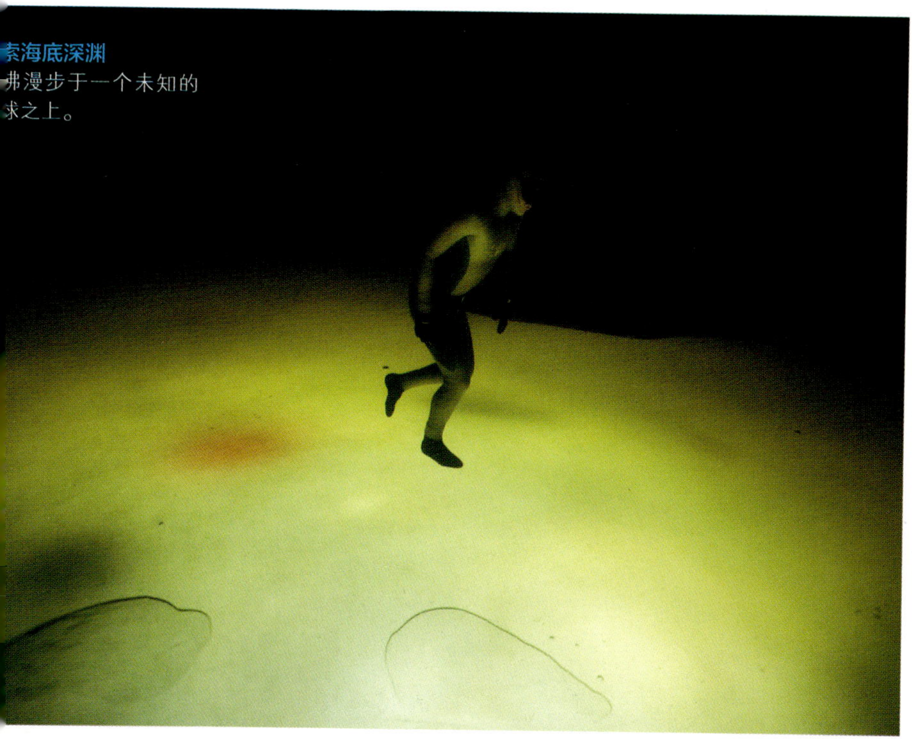

索海底深渊
弗漫步于一个未知的
求之上。

成为海洋哺乳动物

以便不断潜得更深。

潜入深处

让你与自我亲密相遇。

在隶属于日本东京的御藏岛

在太平洋海域我邂逅了一只海豚。

沉浸

位于布鲁塞尔（比利时）的“Nemo 33”泳池中，当时世界上最深的泳池。

纵身跃入黑暗中
这改变了我的人生，摘自我们的电影《自由落体》。

我走遍了全世界
但是在我的灵魂深处，我依然是一个地中海人。这是我在地中海的波西多尼亚水生植物田中。

我和茱莉以及女儿玛伊露
在伦吉拉环礁岛，它位于法属波利尼西亚的土阿莫土群岛。

工作中的茱莉
在日本冲绳的海域中。

目　　录

1

呼吸（准备阶段）

人生

人生是第一口呼吸到最后一口呼吸之间的过程。而我的潜水经历则是一次次地行走在最后一口呼吸到第一口呼吸之间过程。那是一条逆行的道路，是一条不同于主路的小径，是一条脱离了惯常思维的思路……平常，呼吸都是被视为理所当然，天经地义的事情，但潜水时，在最后一刻，会看到镜中因缺氧而发紫的双唇和最后一口呼吸在镜片上留下的水蒸气逐渐消失……

从 17 岁起，我最惊人的、最紧张的时刻都是在嘴巴和鼻子紧闭的情况下度过的，既没有语言，也没有肢体的表达。我具有一种高贵的成熟，自愿舍弃了一些情感，去追求别的，更高意义上的情感。

屏住呼吸是我的生活方式，在 4 分钟的时间里我从水面潜往深处，再从深处回到水面，在这段时间里没有呼吸，没有气味。

我生活在咸水中，但是从未感到它的苦涩，以血肉之躯为载体，细心地运输着氧气和二氧化碳，稀释于神经末梢以及身体的循环系统之中。

我像一个测绘员，丈量着一个隐匿的世界，一米又一米地用眼睛记录下自然万物的图景。

我大口地呼吸，感受体内气息的流动，不断追问着“我从哪里来，又要回到哪里？”这个问题。我是一个生活在垂直方向的人，如同肥皂泡，上下求索，追寻人生问题的答案。

灰色的早晨

潜水的早晨，总是醒来得很慢。

仿佛并不需要真的醒来一般。

仿佛如果黑夜再持续一段时间，睡意不被潜水活动的这个“巫师”强行驱走，美梦与恶梦再如警察和小偷般互相追逐一会儿，下潜会进行得更好。似乎幻想要比痛苦更有助于充盈灵魂，放松精神。

我起床，上厕所，刷牙。

然后我做几个瑜伽的拜日式动作，配合呼吸连续做完十二个体式的动作。我做得非常缓慢，既不会太用力，也没有什么真正的兴趣。尤其别跟我提什么肌肉苏醒，维生素疗法，更不要说什么伴随着 NRJ 电台乱糟糟的音乐或者令人焦虑的新闻节目片头曲做音乐健身操。

我有些心不在焉，精力不太集中。这个时候跟我说话也没用，我也懒得搭理。我有一种恍惚感，不知道自己是不是真的存在于这世界上，怀疑我通过手机的 4G 信号与其他人的联系是否真实。

早餐时我漫不经心地啃干面包的四个角，我不谈论什么大事儿，整个人都调整到“省电模式”，身体和精神都保持低功耗状态。

所有这些不仅仅是因为心情不好，不想起床。对于所有这些意志疲软、放弃交流的情况，我需要放松，顺其自然。

听起来很不合常理的是，其实你应该稍微努力让身体行动慢一点儿，至于有多慢，应该保持在多慢的状态，是可以自己选择的，不需要强求。

这个时候跟我说话，我可能不会搭理，所以这个时候不要来打扰我。

我长期以来都有一个问题：无法专注。为了表现出一副一切都无所谓，一切都只是小事儿一桩的从容样子，我曾经从一个组跳到另一个组，就像一只坚硬的壁球在墙上弹来弹去，都快把墙撞裂了。

我侃大山，吹牛。

我曾经是一个不折不扣的疯子，雄心勃勃，像个狼人。我非常兴奋，就像在晚会上一样。在晚会上，我曾经激动地招呼每一个人，曾经是个笨拙的组织者。

但是这所有的一切，都只是一些小快乐，没有什么重要的意义，继而我陷入到极度的不安和自嘲中。

最后我不再讲自己的故事了，开始通过理性思考认识事物。是的，所有这些都不重要，还有更重要的事情，还有更严重的悲剧和灾难浸渍着我们这片苦难的土地。

是的，应该欣赏我们所从事的潜水事业，这是我们潜水的原动力之一。

是的，要避免将潜水运动神圣化，仪式化，仿佛它成了宗教戒律，成了信仰一般。

但是也不要，不要将这一切视为儿戏。

不可以有丝毫懈怠，因为潜水这项运动要求你集中精力并放松，准备充分并冷静，判断正确并努力。

我不再嘲笑那些在比赛前两个小时，盘腿而坐进行冥想以令自己心态平和的人们了。

我不再像个冒失鬼一样，在比赛前半个小时才想起来有一项特别的任务要完成，或许是时候不要犯傻了。

我与瑜伽理论断绝，也与“去戏剧化”策略断绝，我意识到最令我成功的就是在起床后保持平静的心态。

日常比赛

最后几名参赛选手，要潜得最深的，一般在将近下午 1 点钟的时候下水。

上午 11 点钟，我吃了一根面包棒，然后稳步地进入倒计时状态，一点儿也不感到紧张。相反，我专心培养起迟钝的心态，在这种麻木中我将假装的慵懒发挥到极致。

从前，我会像一个运动员一样热身，活动关节，像一个舞者一样重复一连串动作以唤起习惯性的舞蹈动作，避免焦躁情绪的产生。

在下潜信号发出之前 40 分钟我下到水中，做两三次热身下潜，潜至 10~15 米，然后再做一个更深的，到 30 米，下潜之前肺里几乎没有空气，以便在深潜时肺部可以更好地适应水压。

我就像个短跑运动员一样，在起跑线上做着预备姿势，检测自己的反应能力，或者稍微延长起跑的时间以便起跑更顺畅，去激活那些感知能力。

这个热身的时刻是用来进行内省和怀疑的，我也试图保持自信。我今天的运气会好吗？我的情绪对吗？我的精神和肉体是协调的吗？

但是到后来，我就不做了，几乎什么都不做了，只进行呼吸练习让肺部和胸腔做好准备以承受水下 125 米压力下的变形。

我不再将头浸入水中，甚至也不再像我们前辈们一样往颈背上洒水。前辈潜水员认为这样做可以避免下水瞬间温差变化引起的冲击感，认为应该让过热的身体先冷却下来，才能精神饱满、头脑清醒。

大多数时候，比赛场地距离沙滩大概一海链（约合 200 米）远。在希腊的卡拉玛塔（Kalamata），坐船需要 10 分钟到达比赛场地。在巴哈马（Bahamas）则要更好些。海上没风的时候，我们到达平台甲板只需蛙泳一分钟，鼻子迎着风，仰着头，就像个怕把卷发弄乱的老太太。

哺乳动物潜水反射

威廉·特鲁布里奇（William Trubridge），我的“劲敌”之一，最早发现了人体中存在“哺乳动物潜水反射”的现象。

哺乳动物潜水反射，或者叫潜水反射，是一种天生的机制，是所有人在浸入水中时都会开启的一种身体机制。当人像鱼儿一样在水里游时，有两种现象会接连发生：

1）心跳放缓。人脸带有对寒冷极为敏感的神经。在与液体接触时，这些神经会令身体处于节约氧气的模式，心率会下降。经过训练的自由潜水员会比普通人更快地降低脉搏跳动的频率，但是原理都是一样的。我早上刚醒来的时候脉搏跳动每分钟 40 次或者 42 次。在跳入水中之前是每分钟 60 次，而我一到水中心率很快就会降到每分钟 30 次左右。

2）末梢血管收缩。人一旦把脸浸入水中，血液会从四肢的毛细血管中流出并集中在那些重要的身体器官中，如心、肺和大脑。身体意识到它应该适应新的环境，应该为了自我保护而进行调整。它会节约能量并将它们集中在那些重要的器官上，那些它所“宠爱”的最需要被保护的器官上。

这种反射，是我们和海洋哺乳动物所共有的。它们可以将心率降到正常情况的 1/5 那么慢，从每分钟 50 次降到每分钟 10 次，但是基本原理也是一样的。

洛克·勒弗尔姆（Loïc Leferme），我已故的朋友，也是我在法国尼斯刚刚开始潜水时心中的偶像，以及皮埃尔·弗洛拉（Pierre Frolla），他是摩纳哥自由潜水的冠军，他俩在 2000 年参加了一项人和海狮的对比研究，旨在证实这个机制存在。

而特鲁布里奇的观点是要信任身体在突然浸入到比自身温度低的液体中时的自然反应，而不要刻意地去适应新的要求，刻意去让身体准备好应对新的环境。

特鲁布里奇认为，在正式潜水前，先下潜到较浅的位置进行热身，会传达给身体一个消极的信号，这会令身体相信它的主人已经胸有成竹了。如此，身体就会表现出一种看似良好的假象，会推迟潜水反射发生的时间。

对于特鲁布里奇而言，最好是什么热身练习都不要做，让潜水反射作为一种条件反射自然发生。

我采用的就是这个方法，感觉很好。省去了正式潜水前做的那些比较浅的热身下潜，开始下潜的时候感觉更加精力充沛，更加雄姿勃发。

在心理方面，我只能潜入一次，完全投入水中的事实向我发出一个信号：我是“被征服的”，没有拖延的机会和同“超我”讨价还价的余地。

事先不热身准备就潜入深海是一个漫长适应的结果。我从17岁就开始自由潜水了，大海塑造了我的身体，让我可以从容应对。没有经验的新手不要轻易模仿。

我仰面躺着，看着天空，阳光刺眼，自言自语道：“你们可看好了。”

我不是那种为了取得好成绩而锻炼肌肉的运动员。作为人，我只是想探索人类和他的近亲海洋哺乳动物相比，拥有哪些相似的能力。

我不是为了提高能力，增加竞争力，也不想苛求强大，而是想解放陈旧的思想，开发自我潜能，深入到一个从很久很久以前就为人类所熟悉的环境中去。

应该尝试着去重新找回我们自远古而来所共有的那个“黑匣子”，那个我们由于粗心而丢掉了的或者用来换取了其他天赋的“黑匣子”。

这个“黑匣子”消失在了我们每个人的内心深处，我们只是寻找它的人，但迟迟没有找到。更糟糕的是，一旦这个宝贝被挖掘出来了，我们反而会更无所适从。

这个破译工作试探性地进行着，还要靠运气和天赋。甚至最努力的人，最有天赋的人也会发现这个密码很难破解，这些穿着潜水服的最棒的黑客们始终找不到它的密码本。

不要过度呼吸

人们常常觉得自由潜水运动员应该在潜水之前用力吸气至筋疲力尽，这样可以让他们在身体里储备更多的氧气，因为氧气是身体唯一的“燃料”，如果没有这种充足的“人体汽油”，他们就无法坚持到最后。

长久以来人们都认为，用肺部进行过度呼吸是必要的，但是后来我们才发现根本不是这样。

自由潜水运动还是一项非常年轻的运动，所以过去的一些做法现在看起来很荒谬也是正常的，而且现在采用的一些技术将来也很可能被今后的运动员嘲笑。

过度呼吸本身就是一个“假朋友”。让肺里充满空气貌似是个很聪明的想法，人们吸入大量的氧气，这样就可以保持更长的时间不用呼吸了，这看似是个很合情理的想法。但是人的身体本身是有局限的，平静的深呼吸就足够令血红蛋白中充满氧气了。过分夸张地用力呼吸并不能把多余的氧气输送给机体，相反，这样会排出血液中的二氧化碳。

令人烦恼的是，排出了二氧化碳，就不容易产生痛苦的感觉了。而事实上，我们这样做就相当于切断了警报，降低了身体传感器的敏感度，从而改变了内在的平衡。

血液中二氧化碳含量的增加会给出第一个警报，令我们产生第一次想要呼吸的欲望，并提醒我们“我们不是鱼”。并且，延迟警报会令将氧气留在重要器官的潜水反射机制变得迟钝。

在深潜中，也就是我所从事的潜水项目中，重量是恒定的。胳膊位置固定并伸直保持在头顶，但是腿是动的，腹部做波浪形摆动，腰配合着这个动作。当潜水反射发生时，血液离开身体的边缘位置，集中在心、脑和肺中。肌肉处于无氧运动状态，会产生大量乳酸，你会感到疼，会有灼热感，但这是好兆头。因为求生模式已经启动！

和其他的运动刚好相反，我们并不会想办法抑制乳酸的增加，乳酸是我们的朋友，它证明了氧气还在安全的位置。

不管身体的其他部位多么不舒服，大脑依然对整个身体的运作情况保持着良好的监控。

这就有点儿像坐在组装的汽车里，心可以根据仪表盘了解身体的变化。就像坐在丰田普锐斯汽车里，一张变化示意图投射在我们想象中的谷歌眼镜上，投射在我们下潜运动员的“控制屏幕”上，向我们展示血液的消耗，车内汽油、电路、传动、移动、补偿的情况，还有开始是橙色，后来变成红色的警报。

鲤鱼吐泡泡

在潜水的早晨，我会从横膈膜开始热身，给它按摩，充分进行拉伸，让它上上下下活动。

在整个等待期间，我还会继续活动这部分肌肉，以保持它的柔韧度。我深吸一口气，把肺填满。我的肺平时通常有 5 升空气，但填满后可以达到 9 升，这会让肺鼓得像气球一样，而当我下降到海底深处，肺部会被压缩，只剩下不到 1 升的容量。

然后，我会先停止呼气，噘着嘴吸气，那样子就像在湖底吐泡泡的鲤鱼。我们管这个增加吸气量的方法叫“鲤鱼吐泡泡”。

通过控制喉头处声门的开合，我使用填积法压缩了肺里的空气，这样我还可以再增加 1~2 升的空气储备，这对我来说在超过水下 120 米时非常重要。

然后，我就会彻底地清空肺里的空气，努力排掉最后留存在里面的气体，有点儿像洗衣娘在河边将床单捶打过后再拧干。

仿佛我竭尽力气将这两大片海绵折起来塞进狭小的空间，又像将橡皮人塞进行李箱中，需要把橡皮人的身子折叠起来，才能盖上箱子盖儿。

慵懒的水藻

距离出发的时间只剩三分钟了。我从平台甲板上滑下，靠近人们所谓的“导绳”，但事实上，那不过是一条供攀爬的绳子而已。

我坚持按照我自己的方法过去，而其他人，为了节省力量，都是被助理架着胳膊弄到出发区域的，看上去像还没有开始，就负伤被搀下来了，如同凋谢的花朵。

如果我不能自己到达出发区，那么我就没办法潜到海底深处。

我身体舒展，仰面躺着，面对着广阔的天空，眼睛半睁着以避开刺眼的阳光，海水轻轻拍打着我的脸，发出令人愉悦的汩汩的声音。我尽量平静心情，放慢节奏，降低体温。

我像睡着了般放松，像慵懒的水藻般漂浮，如死者般冷静。

我像是一个新生儿，躺在柳条编织的篮子中，随着河水摇晃。

最后时刻

在陆地上的最后几分钟，我的呼吸变缓了。海洋的广阔令我着迷，而上面，天空向无限敞开了大门，无边无际的天空让人感到一种甜蜜的眩晕。

我将安全绳扣在导绳上。安全绳是一条一米长的绳子，是用强度非常大的钓鱼线做的，它可以承受 400 千克的重量，可以拖上来一条金枪鱼。

开始传来倒计时的声音。我紧张吗？在潜水开始的时候，我什么时候才能不紧张？那要到潜水结束的时候了。

我没有过度呼吸，也没有大幅度拉伸肺部。我用鼻子和腹部吸气。然后停上三四秒钟，之后用嘴呼出。呼气时间比吸气时间长，这样令我放松。

我只听到簌簌的呼吸声和时间流逝的声音。

我把导绳紧紧地夹在食指和拇指之间，这条导绳将会带我进入另一种存在，另一种垂直方向上的生活。我严格地头朝下入水，进入到一个丰富又乏味，令人疲惫又变形的世界，然后再回到头朝上的位置，但是头晕晕的。

在我的脑海中出现了一刻幸福美好的回忆，我又看到了在希腊的卡拉玛塔进行的一场完美的潜水；我听到船舷处传来教练有节奏的倒计时的声音；我又感受到了阳光，海水，下落……由此而来的幸福感如糖衣般包裹着我。

一个官方摄像机瞄准导绳的高处，定位在我的手指处，准备记录下我松手这一刻。

在平台甲板上，一个声音开始倒计时。他用英语宣布：2分钟、1分钟、30秒……

10，9，8，7……

我呼出肺中的所有空气，我放下横膈膜，然后我再一点儿一点儿地吸饱空气。首先，是令空气充满腹部，就像孕妇的小腹一样，这样可以为靠近下部的横膈膜留下空间。然后是胸腔，我会弄得胸肋骨的关节啪啪作响，几近断裂，敞开“大门”让空气流入，最后我会让空气一直充到肩部，锁骨处。

6，5，4，3……

现在，我做“鲤鱼吐泡泡”。做20~25个声门开合动作将空气压到深处，就像努力塞满一个合不上的手提箱一样。我感到压力，我小心行事，完美地掌握着这种技术，但是这种技术对于新手来讲是很危险的。

对于没有几年潜水经验的人，这会引起水肿、气胸、空气栓塞或者其他问题。

2，1……

我完全放松了，闭上眼睛，与时间隔离了。

0……

抓住导绳的左手，放开了，翻身面朝水面，我的身体开始轻微地左右摇摆，为了不打乱我酝酿好的慵懒的状态，我心境平和，离开了水面，开始像鸭子一样潜入水中。我慢慢地下落，多停留几秒钟也无所谓。

2

临界线（出发）

竖直方向生活的人

我是在个竖直方向上生活的人。

我需要有对这世界的热爱，才能站直、才能独自下潜，才能在潜入海底最深处后有返回水面的欲望。

我需要垂直，需要纵坐标胜过横坐标。我需要在不同的高低间不断穿梭而不是在水平方向上无精打采的生活。

我需要处于高处和深处的那种脆弱感，胜过稳定的一成不变。

我不喜欢开放的无边无际的空间，比如干燥的大草原、寒冷的苔原、中东广袤的沙漠、博斯（Beauce）和布里（Brie）的麦田、郎德（法国南部，译者注）海滨广阔的海滩，这些地方唯一的地形起伏就是那些人们成群攀爬的土墩儿和海浪掀起的几朵浪花，几下蛙泳便可以越过。

我喜欢留尼旺岛，喜欢它的高山，喜欢它的峰回路转，喜欢视觉上的断裂感。

我喜欢塔希提（大溪地），喜欢那里的休眠火山，喜欢高山小镇阿尔普迪艾兹（Alpe-d'Huez）的高低起伏，与和平主义画风截然相反。

我不喜欢马尔代夫，不喜欢那一连串的小岛，岛上的沙子最终会消散在渐渐高起的连绵的海域里，而它那短暂而阴郁的存在也终将消解在死水般的海洋发出的汩汩声中。

我不喜欢马尔代夫，和其他平顺的群岛，它们将无法应对海平面悄悄地上升。不管它是否愿意，海水将无言地，仿佛不小心一般侵吞了它的领地。这些领地再也不能上升，就像沉睡般躺在那里。

我不信任深度探测仪，它无法评估我内心的幸福度。

我也并不特别需要夸张的深潜米数。

我讨厌那些广阔的高原，那种仿佛是靠大自然摇动手柄使人类缓慢上升的大高原，没有刹车也没有咯吱咯吱的响声，一切都太过单调和平滑。

为了重返天坑——地下的淡水网，当时我需要越过尤卡坦。在那片低矮的小树丛中，谦卑地栽种着一些 15~20 米高的树。可是，这些并不合我的心意，绿得太过统一了，缺乏断层和缺口，缺乏地理和植物学上的断裂。

我喜欢尼斯的内地，喜欢梅康图尔国家公园，那里地形起伏大，时刻都有变化。

我可以感觉到在上升。我看到植物闪着橙色的光，岩石裸露，树木变得稀薄，草地渐黄，石灰岩闪着细碎的光，白花花得晃眼。

我晕头转向，总是撞到岩壁上，撞到各种各样的墙上，视觉上感到迷惘，这里的地貌特质会弄乱人的方位感，有一种挑战性。

我朝着云朵走去，很快就爬到很高的地方，一路上没有台阶，心中无限激动。

我接近天空，感到超脱。

悬崖与海底岩壁

我是一个潜水员，是生活在水中的人，但是我却从没有梦到过自己变成海豚、鲸鱼或者抹香鲸。

我从来不视自己为人鱼或者海洋哺乳动物，因为生而为人就已经很难了，要面对新陈代谢，生理和心理方面的宿命。

如果可以选择的话，我希望来世做一只翱翔于九霄云外的皇家雄鹰，做一只思想阴郁的鹰。我喜欢那种飞到高空再俯冲下来捕捉田鼠和虫子的感觉，喜欢乘着夏天温热的上升气流高飞（而这种气流将我们贴在灼热的悬崖上）。

我喜欢好天气时候的云朵，特别是晴朗的空无一物的天空，喜欢我下潜到漆黑的海底时我所辞别的阳光。

我要做雄鹰，而不做城市中吃得过饱到处拉屎的鸽子，也不做拍着翅膀招揽人们注意却依然被人忽视的迷茫的燕雀，也不做娇小没有头脑的云雀，因为脑袋空空，最终沦为馅饼的云雀。

当我比赛的时候，我没有选择，绳索是我唯一的定位工具，唯一的优先路线，没有任何其他的路径可以考虑。

但是一旦是为了愉快，为了探索而潜水，为了好玩而潜水，我就找那些海底的悬崖攀登。

沿着这些水下的岩壁游动，就像站在了十层大楼的顶层窗外一样，摇摇晃晃好似置身太空，仿佛通过慢镜头回放，我过完了我的一生。

有些人在这种情形下会告诉自己，“到目前为止一切都好”来鼓励自己，努力去避免由于重力的作用而摔下去，摔得头破血流，而我却是恰恰相反的。

在竖直世界的水下部分，一个被证实的事实是：一直到底部一切都会没问题，因为现实被倒置，下落变得很缓慢了。

令我着迷的是这个逐渐变化的过程，仿佛我是一部电影或者广告里的演员，现实摇晃，空间发生了 180 度大转弯。在水下，就像置身电影《黑客帝国》的世界中。

我行走在天花板上，在房梁上蹦蹦跳跳，从一堵墙跳到另一堵墙上，仿佛在跑 110 米跨栏一般。一切都倒过来了，我在牛顿的苹果树的最高的枝干上倒立，它的根则是伸向天空的。如果阿基米德原理在水面 10 米以下也是成立的，我还可以拽阿基米德的胡子。

不管在室内还是室外，在水里还是在地面，我都喜欢有一定的坡度，仿佛地形倒置[①]，有些地标和立体效果的地方。

我对自己说，也许有一种生命形式在海底深处蓬勃生长，也许存在着一个海底世界，等着我们去探索。那是一个失落的

① 地表起伏与地质构造起伏相反的现象，也称逆地形。常见的有“背斜成谷”“向斜成山”。

文明，也可能是高度发达的文明，而我将是唯一一个在这些禁城的中心，在这些“水下伊斯城（Ys）”[①]的中心发现它的人。

我需要能见度，需要水质清澈，连阴影都见不到的清澈。

我对雾蒙蒙的虚空，或是由于暴风雨而引起浑浊的海水，或者黑乎乎的海水，或者被搅乱的泥潭，稀释的淤泥都没有兴趣。

我需要清澈透明的海水，来分辨海底斜坡的底形。我需要看得清楚才能在黑暗中做梦，更好地在我的脑海中构建五彩斑斓（祖母绿和青色、驼色和褐色、珊瑚红和赭色等等）的仙境，狂热地对海底世界进行规划，通过颠倒自然建筑的比例和功能来适应各种用途。

山顶

我四五岁的时候，喜欢在周末或者节假日跟着我父母去徒步。过往的行人都觉得我爸妈是傻瓜，竟然带着这样小的孩子在身边去爬山。

但其实没有什么危险。我父母不是那种冒险的人，也并不糊涂，但是他们就是喜欢徒步。他们和我分享这种热情，而我不仅仅是参与，我们还在路边留下了一些令人害怕的“未完成计划”推荐。

如果我登上山顶，那么对于我来说就是成功的一天。我可以把我的小旗插到预定的高度上。从那里，我俯瞰我们来时的路，看山另一面的世界。

① 伊斯城是法国不列塔尼传说中的一个城市，据说被大洋淹没。

到达高处，终于满足我的欲望了，终于我又可以有新的期待了。

在经历了艰难的攀登之后，我的目光落在比我先到的我的小腿肚子上，我终于可以直起身体，俯瞰下面的世界之大了。

这种登山的锻炼为我打开了一种未来，并使它完整地呈现在那里。庆幸我们一直坚持，没有放弃。

我不喜欢半途而废，在预期的愿景实现之前就停下来。我不喜欢中途停靠，推迟，晚到，或者所谓的“该返回了”，甚至由于天气的变化导致我必须中途放弃，我也会非常沮丧，耿耿于怀。

现在，在抵达目的地之前返回依然是我受不了的。即便只是家庭出游，半路折返也会让我感到一种未完成的感觉，涩涩地留在嘴里。

攀登令我着迷，山里人给我留下了很深的印象。我读过弗里斯兰·罗奇写的一些关于探险的小说，比如《安纳普尔纳峰：最初八千米》，了解了莱昂内尔·都德（Lionel Daudet）或尚塔尔·莫迪（Chantal Mauduit）走过的路线。

在登山和自由潜水之间有一些相似性。登山活动中，你要一遍遍熟悉路线，准备好装备，并且将这些都牢记于心，然后才会出发。在攀登喜马拉雅山的过程中，你要从山脚的营地向1号、2号、3号、4号、5号营地一点点靠近，步步为营，以逐渐适应缺氧的情况。

在自由潜水中，也是一点儿一点儿前进，一点点儿下降到深处。不可能一下水，不经过适应深度，慢慢地让肺适应水压，一下就潜到水下125米。

2

无论是在高山之巅，还是在深邃的海底，都是到了一个极限的世界，那里会给你带来不同的感受：方向感没有了，你既会感到喜悦也会感到不安。

登山者和潜水者是兄弟。二者都是告别了水平世界的人。他们有同样的渴望，同样的灵感，在极为兴奋的时候都很难平静地呼吸。

一个走向高处，一个潜入深处，他们都从一种呼吸顺畅的常态中（也就是大气压强大约为 1015 毫巴时）抽身出来。这个中值无声无息地平均了高气压和低气压，它抹杀了高气压和低气压的存在，如此一来生物和他们的野心以及人类和他们的妄想就陷入到气压计上的“中间派”的状态中，令他们觉得进入高气压或低气压状态有什么好？“都没有什么用”或者“还是什么都不做更好些”。

为了拒绝这种乏味和平淡，人们开始冒生命危险，冒从高处摔下的危险，冒再也无法返回水面的危险，冒烧掉翅膀的危险，冒撕裂肺叶的危险，冒在重生的凤凰身上拔毛的危险，冒在塞壬的尾巴上刮鳞的危险。

眩晕

我如果有双脊椎的话，那登山就会成为我的另一根（除了自由潜水之外）脊椎。

在这两个世界之间有相似性，两个活动之间也有相通性。

都有一种全力投入的意识，都要评估、接受那个可能到达之后就无法返回的点，并且有意识地去超越它。

同样也有一种需要，需要你活在当下，全神贯注，集中精力做正在做的事情，专注于自己的行为，不可以同时关注好几件事情。

我有运动天赋、健康的体魄和发达的肺。

我有下潜的体能，如果我没有恐高的晕眩感的话，我也可以站立。而这一切发生在一次攀岩中，第一次发生时，那时候还很幼稚，我发现自己处在一片虚空中很惊慌，但是还是控制住了这种惊异感。后来我一段一段地返回，全身发抖，脸色苍白。

我当时真希望可以重新开始，以便弄清楚这种不适感，更多地了解这个迟到的困难。我整个人僵在那里，被导绳缠住，迈不开步子。

我无法欠身坐在世界的边上凝视熙熙攘攘的人群行色匆匆。

我不能趴在棉花般松软的云朵上，托着腮帮子，晃荡着脚丫子，俯瞰地球旋转。

我永远不能跟着西尔维恩·泰松[①]（Sylvain Tesson）爬上大教堂的顶端和上面的鬼怪雕塑合影，也永远不能和我想象中的挚友，登山运动员派特里克·贝尔奥特（Patrick Berhault）和洛克·勒弗尔姆（我入行时的偶像，他喜欢跟随贝尔奥特进入阿尔卑斯山徒步）进山徒步了。

洛克曾经想试着帮我克服这个心理障碍。我曾经喜欢室内攀岩，为了增强我可怜的肌肉，因为它已经成为我的心病了。

但是到了户外攀岩的时候，我又会被吓得呆若木鸡，汗流浃背，挣扎着想彻底地从恐惧的漩涡中逃脱出来。

① 法国作家，旅行家。1972 年 4 月 26 日生于巴黎。

从平台甲板上，我可以平静地看待下面 120 米的深度，因为水中一片漆黑，我看不到它到底有多深。但是如果我在空中 120 米处俯瞰下面，我就会死死抓住扶手，扭过头去，只想着赶紧逃走。而在水中，我可以惬意地潜一个来回，不会感到害怕和紧张，不会有任何不安。

2

需要水

我开着我爸送我的小摩托，在尼斯的大街小巷穿梭，脑子里充满了越来越多的责任，挥之不去，最后搞得我难以忍受。

我感到由于记者招待会、各种会议、媒体见面会的缘故，我都要失去同大自然、同构成我的本真的联系了。

时值十月，我开着我的小摩托在柏油路上闲逛，疲惫的小马达发出隆隆的响声，灵活地在人群中穿梭。

通常，为了强身健体，我会选择骑自行车或者滑旱冰出来。我还通过一口气爬五层楼回家对身体进行挑战。但现在，我偷懒，骑摩托出来逛，而这种自我放弃只是增加了我的不舒服。

我朝着海边骑，排斥着让我感到压抑的厌倦情绪，对自己如此文明地利用时间的方式感到不满，虽然心里也知道我需要迎合一些的应酬，需要建立一些关系，这样可以帮助我组织新的潜水项目，孵化大量新的梦想。总之就是可以让我继续有激情地生活吧。

我经过了老港口，在峭壁上朝着自由城的港湾开去。我经过了海鹰，我的俱乐部（CIPA）所在地。在那儿，我突然停了下来。

我从摩托上下来，小跑几步到水边，脱下夹克、卫衣、牛仔裤。穿着内裤，我下了水。水温 20℃，在这个季节下水游泳不是什么稀奇的壮举。蓝色海岸（La Côte d'Azur）很温柔。

我做了几组蛙泳，然后下潜到水下 3 米，停在水底铺着的灰色鹅卵石上，让自己平静下来。我抓住一个又大又圆还很光滑的石头。我坐下，把这颗美丽的石头放在我的肚子上。在那儿，我冷静了下来，内心的纠结平息了，我与本我再次联系到了一起，为我重新获得这种内心的平和而感到欣喜若狂。

抱着这块在大海中存在了几百年、经过海浪打磨的石头，我凝视着这个美丽的世界，她现在是我的，我愿意融入其中。那天，从我的这个海底观测台，我看到整个地球就像一个漂亮的蓝色的大球，而人类却经常顾不上好好看看它。

我感到自己是海底的一部分，这里沧海可能会变为桑田，到时候海里的盐会在太阳下闪闪发光。

在我自己的“水洞”中，我感到自己和整个大海是相连的。在接受了彼此的相似性，调和了冲突之后，我和周围海水的边界将会渐渐模糊。

人体组成中的 70%都是水；而地球自身表面的 70%也都是水。一切都是这样的平衡稳定，人体和地球在对水的依赖上保持着高度的一致。人体和地球都在内心歌颂水，歌颂这些成就了他们的水。

大海，大洋，连系着人们。“水是万物之源。”亲爱的泰勒斯[①]曾对我们说。当我坐在我的水中花园里时，我和世界各地此时此刻正在海滨游泳的人就是连系在一起的。

① 泰勒斯，古希腊哲学家。

水是一种时空上的连结。此刻包围着我的水分子已经在地球上存在了几十亿年了。它们是否见证了最初生命的诞生？它们是否滋养过干渴的恐龙？它们是否就是三百万年前露西[①]在埃塞俄比亚倒下前喝的最后一口水？

如今在我身体上轻轻掠过的水，在一年前，十年前，百年前，千年前又在哪里呢？是沉睡在贝加尔湖的深处，是困守在南极的冰盖里，是躲藏在尼罗河的漩涡中，还是深埋于地下水层，抑或是流淌在拿破仑·波拿巴的血液中呢？

每一个水分子都有自己的故事，这令我感到眼花缭乱。

青春之泉

我想我最后会像尼斯的老人们一样每天都游泳，不管刮风还是下雨。我会到尼斯老人们游泳的著名的拉里瑟夫海滩(la Réserve)去加入他们的队伍。

像他们一样，我也会有白色的头发，永远的青铜色皮肤，身上的肉会有点儿干枯，肌肉会松弛，但是精神会依然抖擞，看到第一朵浪花的时候，眼睛会笑得弯起来。

我会不客气地脱下衣服，将它塞进沙滩包里，把包扔到一边儿，下水尽情游泳。这样做就像是和小偷们签订了一份君子协议，假设他们会尊重我们靠体力和天气获得的东西，不会去摸我们这些到海里游泳的人的羞涩囊包。我们的包里只放着可怜巴巴的最基本的生活用品，而在我们的左手上戴着婚戒，紧

① 露西（Lucy）是 1974 年在埃塞俄比亚发现的南方古猿阿法种的古人类化石的代称。露西生活的年代是320万年之前，因此被认为是第一个直立行走的人类，是目前所知人类的最早祖先。

紧守护着同大海之间的婚约。

半裸着，没有过多的不好意思，我会穿着屁股处磨破了的、不知是几百年前的紧身泳衣，微微打着颤儿，摇摇晃晃地走进水里。海水深蓝，脚下的石子有点儿硌脚，水藻油油地在水底招摇。

而当我一旦找回我的本真状态，我就会抖落所有谨慎和顾虑，和海水和谐相处。

我自由泳游得说不上好，但是假以时日，我会游得很不错的。

我想起，有一天阳光很好，喜欢地中海的可以称得上是“游泳好手”的让端木松（Jean d’Ormesson）[①]去游泳，突然间想到一个形而上的问题。在两个流畅的蛙泳动作之间，他扪心自问，为什么这世上存在事物，而不是空无一物呢？

或许游泳的时候会引发苏格拉底式的思辨吧，而泡在水中，不是处于失水状态，或许也可以引起思想的分娩吧。

水，看呐，看呐！

在我的日常生活中，我非常像一个卜测地下水源的人。仿佛走到哪里我都“带着一根榛木杖”在找水。一直以来，我都需要找到水来从中汲取安慰、鼓舞、平衡以及能量。

在尼斯，从十几岁起，我就设法“偷时间”到海水中沉浸几分钟。我这样做不是为了运动，也不是为了比赛，也不是为了去海里捞些什么上来，只为体验我和我的本真之间的融合。

我希望在我的皮肤和水之间不要有界限，当我可以达到这

① 法国小说家，生于 1925 年。他的小说多带有自传性质。

种状态时，我就可以不用穿潜水服了。我喜欢这些沐浴中直达本真的状态。我的身体抵抗、忍受、感觉、抗拒、适应。我感到生命的活力。

水让我感到惬意。我在河水中、在山中的湖水中，在泳池的消毒水中都游过泳。

但是海水才是我曾经生活过的“子宫”。她将我和远古联系起来，与过去和现在的其他人联系起来，和我们所共有的这个暴力又壮美的自然联系起来，和这个孤独的星球上 70%的部分（陆地只占 30%）联系起来，仿佛海洋的流动性只创造了危险而不能被驯服和称赞。

我的愿望是这样的：重新赋予我水中的兄弟们美的意义，说出在面对海洋中多种多样的生物奇观时我的感受。当尼古拉斯·于洛（Nicolas Hulot）还在做电视节目，没有陷入政治的漩涡时，他也参与过一点儿。在《乌斯怀亚》[①]（*Ushuaïa*）这样的电视节目中，于洛专注地赞美这些最美丽的地方。他尝试着重新建立人同动植物之间的关系，传达这些重新建立起的感情的力量。

因为我从事的是水下活动，我讲述一些不为人知的事情似乎更加名正言顺。我充满感情地讲我下潜到深海中的故事，那些经历不亚于是从地狱中返回。这令我说的话反而更有说服力，我的声音传播得很远。

我想把人和自然重新连接起来，令他们和解，展示他们有

① 开播于 1998 年的一个电视系列节目，每一集都会介绍世界上一个富有异国情调的地方，可以是陆地上的也可以海里的，展示其自然地理以及人文情况，审视当地野生动物，自然条件以及它们同当地人之间的交流互动关系。尼古拉斯·于洛参与其中。

很大的兴趣建立盟友关系。

人类，尤其应该接受他的渺小和有限。不应该老想着征服自然，统治自然，改造自然。不应该老是将自己视为世界的主人，万物之精华。应该告别这种笛卡儿主义，认识到人将永远屈从于宇宙的原始力量。

我是不怎么认可所谓的“人类中心论”的。我觉得自然注定有最后的发言权。和那些理性主义者和科学家相反，我认为人类不过是历史上的一个阶段，不管发生什么事情，地球会比人类存在更为长久，并且会收回它所有的权利。

我感受到由地球变暖而引起的焦虑，我知道人类在这件事情上应负的责任。但是我坚持认为，自然会战胜这一切，虽说如果人类不添乱，把这项任务弄得更加复杂，会更好些。最终，受到惩罚的只有人类自己。在文明消失之时，要离开的是人类，而地球会依然存在。

我钦慕那些为人民用水而战的人，就像达尼埃尔·密特朗（Danielle Mitterrand）基金会[①]做的那样，他们在沙漠中钻井，建立灌溉系统。

而我，我要向人们展示一个没有人到过的美丽的世界。我充当公众的向导，让他们跟着我一起体会我的这个职业，我在海洋中的第二种生活，让他们可以参观从这个世界开始就存在的这样一个秘密的地方。

① 1986 年 4 月，由弗朗索瓦·密特朗的夫人达尼埃尔·密特朗创立，旨在构建一个人人可以享有自由的公正而团结的世界。为此，该基金以维护人权为己任，尤其捍卫每个人用水的基本权利。

3

谨慎（下潜之最初）

3

遭遇阿基米德

在下潜的最初几米的混乱中，我采用“鸭式下潜”法，像一片羽毛一样下落。我在充满阳光的水中缓慢地波浪型地摆动我的身体，尽量躲开浮游生物。

我的单蹼就像是一条适应了海底环境的海狸尾巴，又像是被压扁的鱼尾。

我想下潜得更快一些，但是不强求。重要的是把能量消耗降到最低。从水面到水下 10 米，压力大幅度增加。在最初下降过程中，压力变化是最大的，随后变化会变缓，遵从对数曲线，而不是指数曲线。

在我刚刚进入水中的时候，肺的体积是 10 升，10 米深处变为 5 升，100 米深处变为 1 升。$P \times V$ 是一个恒量，即气体的压力乘以体积是一个常数，这就是波义耳定律。

在水下 20 米、25 米，达到中性浮力点，也就是到了阿基米德跟你说再见的时候了。我的身体，潜在咸咸的海水中，不再受到反方向的推力（即浮力）的作用，如果之前我不靠单蹼的力量抵制这个反向推力，它会把我的身体推回水面。我的胳膊不再伸直向前做破浪状，而是慢慢地谨慎地收回放在身体两侧，用腿平滑地拍水。

不潜水的人们发现没有任何一条定律是绝对的，随着深度的增加，阿基米德定律就失效了。

黑手党们要将敌人的尸体彻底销毁，不想看到尸体脚被绑着再浮出水面的话，他们会在尸体上绑上足够的重量使其将尸体拽到 30 多米以下。

对此一无所知的人们尽管来质疑这些发现。阿卡普尔科的墨西哥潜水天使们应该感到庆幸沿着海底悬崖急速下降之后及时上升，才没有到达“一去不复返”的临界点。

在欧元流通之前，那些跳进水里捞希腊银币的熊孩子们都知道，不要在港口的浑水里迷路，否则就会被反阿基米德力揪着他们还没长出的小胡子，被拽到海底深处。

比赛

那一年我 14 岁，上初三。我和我的朋友埃里克一起上网球课，网球场位于比我们住的地方低的浅滩上，坐公共汽车回来需要 20 分钟。

在回来的公共汽车上，坐在令人昏昏欲睡的座位上，夕阳的余晖笼罩着下面的天使港湾（la baie des Anges），在做着白日梦的工薪人士、挎着布袋子的老人、我们那时候还不知道盯着看的漂亮女孩子以及引不起我们兴趣的印度水手之间，我们发明了一个有点儿淘气却即将改变我的一生的小游戏。

那就是看谁可以闭气时间最长。我憋了 1 分 30 秒，埃里克憋了 2 分 09 秒。我本可以掩饰住我气恼的撇嘴，提高声音说话掩饰我的不爽，然后开始玩点儿别的，但是我却非常的生气。我是个很喜欢较劲的人，虽说他这次赢了，但是我一定会超过他的。

回到家里，我躺在床上，尝试能多憋一会儿气。

几周之后，在网球课上，当我跟埃里克说我继续训练，已经可以闭气 4 分 18 秒时，他吃惊地睁圆了眼睛。

为了尽最大的努力，我全裸地躺在床上。我相信如果我的皮肤可以呼吸，如果没有什么事情妨碍到气体交换，我就可以憋得时间更长一些。

偶尔，当天气不是太冷时，我会把窗子大大地敞开，这样我的肺和皮肤可以吸收到更纯净的空气。

重要的是，这样我就置身于更自然的环境中，与户外有更多的接触。有点儿像未来的宇航员为了锻炼自己，独自睡在房间地板上，窗子大敞四开着。

我打开奎德（*Quid*）①，一本厚厚的当时的百科全书，相当于那个时代的维基百科吧，我发现了静态闭气（apnée statique）的世界纪录——竟然可以长达 7 分钟！

① 奎德（*Quid*）是法国罗贝尔·拉封出版公司编纂出版的一本综合性的小百科全书。“Quid?”[Kyd]是拉丁文，意思是“什么?” *Quid* 最初出版于 1963 年，以后每年增订出版一次，对新的一年中发生的重大政治事件、科技方面的新成就、文艺方面新问世的作品以及在社会问题、金融市场情况等都加以反映。

我现在依然能回忆起那个时刻，那种知道了一个秘密，拥有了一种武器，具备了一种能力的激动心情。我，一个14岁的少年，竟然距离世界纪录只有两三分钟！

在地球与生命科学课上，杜托夫人给我们讲起肺。有些同学借此机会偷瞄邻座女生高高耸起的胸脯，与他们不同，我更加关注呼吸系统、肺部，肺部的容量以及功能。当然啦，我们最后讲到了闭气，当我很肯定地说我可以闭气5分5秒时，我遭遇了一次彻底的挫败。没有人相信这种大话，很多同学冷嘲热讽地表示不信，还有和我关系好的小伙伴们脸上流露出替我懊悔的微笑。

在初三快要结束的时候，在一节体育课上，我决定在泳池里，在“自然”条件下测试我的这种能力。我豁出去了，不过是在一些游泳游得很好的小伙伴富有经验的注视之下，他们确保了测试的安全。我在泳池中开游，我到达泳池的边墙，21米，我掉头，想再游到另一边。但是我太心急了，太不切实际了，我差点儿晕过去，发现自己全身都在发抖，脸蛋青紫。体育老师摇晃着我的身体，冲我喊着：“喂，死人！这样好些吗？”

不到40秒……和我静态闭气的时间相比，这实在是算不了什么。在我和游泳之间，本来就不怎么来电，一直如此。

运动与我

我一直很喜欢比赛的那种刺激的感觉。少年时，我没有发现自己的运动天赋是什么，是超级积极，运动全能那种。我尝试了很多运动之后，才找到我真正喜欢的运动。

3

自行车

十二三岁时，我是个自行车迷。那是 20 世纪 90 年代，是属于安杜兰[①]、维兰克[②]的时代。我从杂志上剪下我喜欢的自行车手的照片，粘到小本子上。

在家里，我会骑上室内健身自行车，有节奏地踩着踏板，开着电视，里面播放着巴黎—鲁贝自行车赛。

回想起那个下午，我独自一个人在电视机前，脚蹬在那辆破破烂烂的室内健身自行车的踏板上，虽然和那些漂漂亮亮的高科技碳纤维自行车相比我的自行车显得寒碜，还有刺耳的杂音，不比人家的自行车，齿轮油亮，换速叉手柄光滑。我的内心确是欣喜若狂的。

那年夏天，我是在德龙省的布维埃（Bouvières）老家度过的。为了那四个星期比赛期间的最佳状态，我一整年都在做准备，骑着自行车穿梭在弯弯曲曲的大街小巷中。我为环法自行车赛做准备，那架势就像是我已经领到了比赛时别在后背的号码布，成了骑在第一集团中的一员似的。我爸妈成了我的第一批对手，我们作为比赛途经地区的市民以业余选手的资格参赛。

我准备了开场赛，计时赛，公路自行车赛和山地自行车赛。我们早晨早早就出发了，为了在下午及时回来赶上在电视机前看比赛的实况直播。

---

① 米盖尔·安杜兰（Miguel Indurain），1964 年出生，已退役的西班牙公路自行车赛运动员。

② 理查德·维兰克（Richard Virenque），1969 年出生，已退役的法国公路自行车赛运动员。

那个时候，我有些胖，几乎可以说是胖胖的，长着胖胖的萝卜腿，也没有健美的手臂，自行车也是便宜货。重要的是，和材料的考究精致相比，我更加看中单纯努力的简单。

这些默默训练最终的目标是为了到神秘的冯杜山（Ventoux）比赛。在我发现了闭气的那一年，我骑行了很多，并且达到了中等水平。

在攀登普罗旺斯的一座大山马洛赛恩（Malaussène）一侧时，我身为一个 15 岁的少年超过了 24 名自行车手。

这个无人可以超过。我从中感受到了和闭气 5 分 15 秒时一样的自豪。

如今，自行车永远是我的初恋。从两三年前我认真地回归骑行这项运动，它是我冬末以及春季进行体能准备的重要方式。我还玩越野滑雪、徒步越野、攀岩、赛艇。

足球

我上小学的时候，是个好学生。但是，我最积极的，是每天两次每次 10 分钟的足球赛，分别在上午 10 点钟和下午 4 点钟休息的时候踢，当然还有在食堂吃过午饭之后，下午 1 点钟踢的长比赛。从小学二年级到五年级，我和我的那一帮小伙伴，我们从没有一次休息时间不踢足球的，从来没有一次。

我把一切都记到本子上，并且记下射中球门的次数。

我十二三岁的时候，就到雷伊市政体育场[①]里踢球了。我将

① 雷伊市政体育场（Stade Municipal du Ray）是法国尼斯的一座足球场。是法甲球队尼斯足球俱乐部的主场球场。

自己视为尼斯足球俱乐部（OGC）的前锋。这次尝试是一场灾难。我穿着短裤和足球鞋，在草坪上要踢上一个半小时，一切都经过了深思熟虑的。

一场比赛下来，我就意识到在这种集体运动中，需要遵守它的指定位置、战略战术、不明说的等级制度，以及新来的往往不能上场参赛而是要负责给比赛的球员发水，并且球队里的重要位置都是留给备受宠爱的球员的，我感觉这项运动完全不适合我。

3

我还不如去尝试柔道、篮球，还有网球。别忘了我的最爱：骑自行车。

然而，作为一个孩子，我却是个坚定的足球粉。我是马赛队脑残粉，博利[①]和迪迪埃·德尚（Didier Deschamps）的脑残粉。马赛队曾于 1993 年的欧洲冠军联赛上获得冠军。

我迷恋法国国家足球队，那时候他们还没有到最差劲的时期，而且还远着呢。我 1998 年、2000 年都支持他们，彻底的脑残粉。然后，到了 18 岁，我就完全不再关注了。

游泳

在我十来岁的时候，参加了一次 25 米游泳测试，我游得非常差劲，喝了接近一杯水。虽然我在这一领域取得了一些进步，但这项运动永远不会是我的菜。

我看起来好像还挺善于游泳的样子，但是我一直都不是一个水平层面的游泳运动员，小腿来回拍打，弄得水花四溅追逐

① 巴西尔·博利（Basile Boli）。

脚踏浮艇那种。我是垂直层面的游泳运动员，像鲸鱼一样下潜，下潜到底部然后白天缓慢地摆动它的尾巴浮出水面。那慢吞吞的样子就像是我们要求一个人在经过十字路口前冷静下来，减低音量，放慢速度一样。

虽然我对游泳这项运动没什么兴趣，但是我对游泳运动的这个圈子非常感兴趣。尼斯在游泳方面有着得天独厚的条件。在教练法布里斯·佩雷林（Fabrice Pellerin）的领导下，当地的俱乐部游泳成绩有所提高。我认识卡米耶·穆法特 （Camille Muffat），扬妮克·安格内尔（Yannick Agnel），克莱门·勒菲尔（Clément Lefert）。大家虽然彼此见面不多，但是却相互交流、相互致意、相互支持、相互理解、相互欣赏。

12 月，在拉普拉涅（La Plagne）的体育之星盛会上，我结识了一些法国体育界的名人。在这个有趣的充满节日气息的盛会上，我与阿尔诺·蒙特布尔（Arnaud Assoumani）（跳远运动员）、劳拉·弗雷赛尔（Laura Flessel）（击剑运动员）、弗雷德·伯劳博赫（Fred Belaubre）（铁人三项运动员），斯特凡·蒂亚加纳（Stéphane Diagana）（400 米跨栏运动员）、托尼·埃斯坦盖（Tony Estanguet）（皮划艇运动员），还有其他一些人相谈甚欢。

这次活动的理念就是功成名就的冠军们在他们的领域传递希望。传递、分享、慷慨是这次大会的主旨，它使得自由潜水告别了神秘，和奥运会项目列在了一起。

2004 年，洛克·勒弗尔姆刚刚打破了他的第五个世界纪录。是他介绍我进俱乐部的，他以从容的态度，以及坚韧、力量、灵敏的特质，在各种比赛中都获胜。我被选为 2004 年的体育之星！证明了自由潜水运动员需要一些生理素质，所有这一切都不仅仅是精神上的。

这段幸福的时光，不论输赢的时刻，有趣的放松的时刻，在洛克去世之后对于我尤为珍贵。

我无数次地回到“体育之星”，参加聚会或者年末庆典。我去那儿就是为了洛克可以“活”在我们法国体育的大家庭中，“体育之星”的大家庭中。

2011 年，我获得了自由潜水世界锦标赛的个人组冠军，同年我以俱乐部介绍人的身份回来，介绍我的朋友弗雷德·塞萨（Fred Sessa）加入我们的俱乐部。这名来自塞特[①]的消防员 1985 年出生，他擅长泳池动态闭气，2010 年他以 255 米的成绩打破世界纪录，和我同属一个队。

派蕾泽瑞或后《碧海蓝天》

此时，屏住呼吸，与世界脱离一会儿的离奇想法还没有变成一个探索 Magellan 深处的项目和希望，如同有人探索它的表面一样。

一切本来也许会只停留于一个少年的幻想，一个不会有什么结果的痴念和执迷。我一直独自训练闭气，在床上，浴盆里，没有指导，没有学习资料，不知道与之相关的发展史，也不知道这个领域的英雄人物，可当我见到翁贝托·派蕾泽瑞（Umberto Pelizzari）的时候，我发现一切都在他这里找到答案了。

① 法国南部一个小镇。

我看到《特派记者》栏目播放一个关于派蕾泽瑞的专题节目，但是播出时间在晚上 10 点 15 分，我当时还是个中学生，这个节目对于我来说时间太晚了。

我溜进厨房，几乎贴在那个小电视上，调低音量，用遥控器换到法国 2 频道，如痴如醉地看着眼前这个像鱼一样，像海豚一样的人，他可以戴着双脚蹼下潜到水下 75 米。

这种热情是毫无保留的，是一个少年可以拥有的所有热情，不是那种远远看去的热情，不带任何会模糊这种热情的轮廓的云影，这种热情的明亮的颜色中不掺杂任何的灰暗。

我没赶上《碧海蓝天》热，那时候我还很小，吕克·贝松的电影《碧海蓝天》播出时，我刚 6 岁。在这部片子中，他展现了一个世界，令一代人着迷。

反而到了十四五岁，我才跟上了派蕾泽瑞，我可以和这个处于盛年，总是处于活跃状态的前辈保持认同。而这个时候我还不认识雅克·梅约（Jacques Mayol）和恩佐（Enzo Maiorca），他们太老了，已经消逝在历史的迷雾中，我要花时间才能拨开这些云雾，进入到自由潜水的广阔领域和这些人的真实生活中。

少年时期，你想去和那些不断探索的人进行自我认同，他们比你大十几岁，穿着同样风格的衣服，具有同样的爱好，同样的文化背景，都已经是成功人士，有钱，有房，有车，有孩子。可是和一个年龄可以做你爷爷的人进行沟通要更加困难了。

我阅读可以找到的关于派蕾泽瑞、关于自由潜水的所有东西。我买了一份 *Apnéa* 杂志的特刊，探讨自由潜水专题的。这份杂志通常探讨水下捕鱼。出于偶然，在创刊 30 多年后，这本杂志出了它的第 1 期自由潜水特刊。而此时正值我对自由潜水特别痴迷，找各种相关信息哪怕一丝都不放过的时候。而那个时候的互联网还在起步阶段，从网上查不到太多东西。我把这本杂志上最不起眼的注释都背了下来，它成了我的圣经。

我从六年级起就没有离开过我最好的朋友于连・巴利索（Julien Parisot）了，他有时玩玩水肺潜水。他活得比我轻松多了。当他看到我制作还不知道谁会投资的电影，模仿我的偶像派蕾泽瑞的行事做派时，他的嘴角会浮起一丝微笑。

于连比我要无拘无束一些，不像我总是很纠结。他带着一股子天真的劲儿陪我做那些疯狂的事情。他爸爸在体育大学里教社会学，和在同一所大学任教，教体育的克罗德・沙布（Claude Chapuis）很熟。更重要的是，沙布是这个不为人们所熟知的领域（即自由潜水）的开拓者，并且是当地俱乐部的负责人。我不敢去认识他，是于连鼓励了我，他要来了沙布的电话号码，给他打了电话，沙布同意在一个周三的下午见我们。

小草，平底船和水性

我上二年级。我的父母非常爱我，保护欲强，太爱我了，保护欲太强了。他们迫不及待地阻拦我做一些事情，召唤我做作业。

我妈妈是数学老师，她非常重视成功，课外活动除非可以提高成绩，否则不可以参加。在这种情况下，网球还是被允许了！因为这项运动占用时间少，并且可以给我带来竞争意识。

可到海里潜水？有什么用呢？所有这一切都太荒谬了。最重要的是，潜水不是很危险吗？

多年前我妈妈住在尼斯，但是只是为了凉快去游泳，从来没有把头扎到过水下！最近一次去留尼旺小住，我坚持让她把头浸在水中她才照做了，她害怕有鲨鱼。

我爸不像我妈那样谨慎胆小。他是放射医学方面的技术员，整天在一个封闭的空间工作，为X光和拍摄相片准备产品，因此，他需要出去透气。他是个老巴黎，在心里却已经变成地中海人了，他深知在海边的快乐，他戴上面镜，戴上脚蹼，潜到海里去捞贝壳。

因此，可以说两个人都比较宅。我妈属于国家教职人员，我爸类似公务员，两人都没有冒险习惯。

我还特别听话，作为一个独生子，我是个乖乖男，从来不惹人生气，从不挑战家长的权威。

看到我左右为难，又了解我当时的压力，于连开始逗我，然后他夸我说，你不应该啊，就凭你总可以抄到同桌的作业这一点，你也不应该缺乏追求自己梦想的勇气啊。

在家里，我连续五天拉着脸一句话都不说，最后终于得到了我爸妈的同意。虽然同意了，但是在时间上受到限制，并且条件是：学习上要更加努力一些。

然后我就坐上了去自由城的汽车。为了问心无愧，缓解自己的负罪感，我还带了一本理化书。于连直鄙视我，他有艺术气质，音乐天赋，对传统的学习满不在乎。

到了现场，看到一座摇摇欲坠的茅棚，一辆发动起来的雪

3

铁龙 CX 汽车，一只大狗蜷在地上。两名自由潜水运动员出现了，试着他们的单脚蹼。我偷偷地瞥了他们一眼，看到他们只是含糊地打着招呼，让我觉得他们像海豚，像美人鱼。

眼前的景象令我非常惊讶。那种仿佛碰触了圣杯的感觉让我兴奋不已。我激动地觉得我有一点儿属于这个理想的团体了。

克罗德·沙布几乎没有注意到我们的到来，继续他手中的活儿。我们听到他说的第一句话就是：“你们觉得光盯着我做你们就能进步更快吗？”就是这种语调。在两声哼哼之间，他甩给了我们几件破旧的，脏兮兮的潜水服。

“穿上。”

他带我们上了一条靠近海滩的铝制的平底船。奥利维尔（Olivier Heuleu），这项冒险活动的另一位创始人，更容易相处一些，他陪着我们。

水深大约有七八米。换句话说，对于我们而言，不算什么……

沙布和我们一起，下潜，坐在水底，清空肺部，看着我们做一系列的动作，带着取笑的神情。他想看看我们是否放松，表现如何。就像他说的那样，他想测测我们的“水性”，看看他所热爱的这个世界会不会敞开胸怀欢迎我们，这个世界对一些内行来讲并不保守。

测试结束了，我重新回到了船上，眼睛中闪着光亮。

我感到身体和灵魂都欢喜得不得了。我激动得都要射下天上的星星，在杂物室直翻跟头，我高兴得就像刚刚去赴了一场幽会，飘飘欲仙，乐不可支。

中学时代，我和于连讨论的话题一直都是围绕着潜水无休止地展开的。又一个周日，我戴上铁锭，下潜到 20 米、25 米的深度。公平地说，这不算什么，只能算玩，就像旋转木马，但是我记得我最终看到海渊了，然后从那儿返回了。

我神奇地觉得自己就是我心目中的英雄翁贝托的继承人了。我感到一种已经被宗教团体授予了特别重要的勋章的感觉。我的血液沸腾，仿佛被欲望的狗咬了一口，又被命运的蝎子蜇了一下，要死了一般。不过这不是不幸，而是我最最希望的命运。

可令我烦恼的是，我爸妈和我的看法不同。他们坚持认为星期日是应该用来温习功课，完成作业，预习功课的。或者，如果我愿意的话，我可以继续陪他们一起去徒步。这种氛围给我造成了很大的压力，我依然处于父母严格的控制之下。

可我再也受不了全家一起登那些小山包了。我找到另外一种垂直方向的运动，本质上完全不同的运动。我和我爸妈协商、拐弯抹角地劝说、作出让步只为了下一个星期可以获得同意去潜水。

那些被禁足的周末真是令人心塞呐。周一的早晨，上自然科学课的时候，我就问于连他怎么过的周末，他详细地把一切都给我讲一遍。他非常有耐心地给我讲，幻想着我可以听进去。尽管我知道他会开我的玩笑："喂，你呢，周末你都干什么啦？写作业啦？拿给我看看呗，我看我哪块没写全啊？"

1998 年的夏天，我初一升初二年级的那个夏天，我们是在帕萨布莱（Passable）的海滩度过的。我们是这个团体里的小不点儿，大人们总是对我们留心，暗中看着我们别做出太出格的

3

事情来。没有家长在场，我们就很放肆，尽情地淘气，玩着各种自编的海上游戏。

不玩鞭炮，不喝啤酒，我们的兴趣在体育运动。重要的是陶醉于从未抵达的深度，要是谁潜得不够深就会被人觉得可怜。

我们到那儿去就是为了表示我们需要对抗阻止我们的谎话，去追随我们先辈的身影。这是很健康的，虽然也会走向激烈。

重要的是准备装备，并认真得像个指导员一样一一检查。我们安装好导绳，用了于连的潜水电脑，我们还用一根绳索和一个配重，以便可以将潜入深处的人拉上来。

我最后下潜到 30 米。我高兴极了，就像尼尔·阿姆斯特朗在月球上迈出第一步，就像莫里斯·埃尔佐格（Maurice Herzog）登上珠峰。更厉害的是，我是独自一个人，没有氧气，没有向导，没有美国国家航空航天局那些复杂的辅助方式。我只有 16 岁，我高兴死了。

自由潜水运动

自由潜水是一项古老的活动，但只是在最近才成为一种有组织的运动的。由于缺乏组织，各地不同的自由潜水爱好者们各持己见，造成了各地不同的纪录和混乱的成绩记载。

在 1950 年到 1960 年间，潜水界的先驱们只是按照自己方式行事，但是因为他们人数太少了，他们还可以自己管理自己。

20 世纪 80 年代时他们发现了后备力量——一些玩户外运动的大师开始接触自由潜水，他们发展了风帆冲浪、山崖跳伞、冲浪、滑板、划筏、攀岩等，他们觉得自由潜水就像上述那些自然活动的表亲，完全不是一个有规章，有规范的科学领域。

这些玩家，这些疯子，这些只想体验某种经历的人，鄙视所有竞赛的想法。与成绩相比，他们更加偏爱海渊处茂盛的生物。他们有反专制倾向，拒绝回到运动联合会规定的严格范围内。

在自由潜水员的心中，存在着追求自然和追求无极限的分歧，存在着理性主义和极端主义两种分歧。前者希望在最少的器材协助下下潜，只带脚蹼，其他什么都不用。我就属于这种。另一种人梦想挑战极限，他们会用各种非电动的技术支持。

第一种更像运动员，技术专家而不是冒险家，尽管下潜到 100 多米的水下身体也会很不舒服，事故的威胁也不可能完全避免。

第二种是冒险主义者，做大量的准备，就为了成为世界上下潜得最深的人，就像百米短跑运动员都想成为世界上跑得最快的人一样。

目前的纪录

泳池中的比赛

静态闭气：是指看谁能够在原地闭气时间最长。纪录：11 分 35 秒。纪录保持者：斯特凡·米夫（Stéphane Mifsud）（法国）。我的成绩为：7 分 42 秒。

3

动态闭气：是指看谁憋一口气可以在泳池中游得最远。不戴脚蹼的纪录：234 米。纪录保持者：戴夫·穆林斯（Dave Mullins）（新西兰）。戴脚蹼的纪录：281 米。纪录保持者：戈兰·考拉克（Goran Čolak）（克罗地亚）。我的成绩：183 米。

海上比赛

恒重有蹼：指戴着单蹼下潜。这是一项历史悠久的潜水项目，也是我从事的潜水类型。纪录：水下 128 米。纪录保持者：阿列克谢·莫查诺夫（Alexey Molchanov）（俄罗斯）。我的成绩：水下 125 米。

恒重无蹼：指不带脚蹼下潜。纪录：水下 101 米。纪录保持者：威廉·特鲁布里奇（新西兰人）。我的成绩：水下 80 米。

攀绳下潜：不带脚蹼下潜但是可以借助绳索的牵引。纪录：水下 121 米。纪录保持者：威廉·特鲁布里奇（新西兰）。我的成绩：水下 103 米。

可变配重：带重物下潜，然后在无外界帮助的情况下返回。纪录：水下 145 米。纪录保持者：威廉·温阮姆（William Winram）（加拿大）。我的成绩：没有参加过这种潜水。

无限制潜水：带重物下潜，然后借助气球上升。就目前所达到的深度而言，这个潜水项目造成了很多减压病的事故，就像奥黛莉·麦斯翠（Audrey Mestre），或者装备方面的事故，比如洛克·勒弗尔姆。纪录：水下 214 米。纪录保持者：赫伯特·尼特奇（Herbert Nitsch），他在一次下潜到水下 244 米时，遭遇了脑血管意外。我的成绩：没有参与过。

克罗德·沙布

克罗德·沙布是决心在法国甚至全世界发展自由潜水运动的人。

他也是个无人可比的教育者，有非常明确的观点，他总是想到做到，说到做到。

在20世纪80年代，克罗德深切地感受到《碧海蓝天》这部电影的影响力。他在昂蒂布[1]（Antibes）的泳池做教练，看到很多人都在看了这部电影之后过来学潜水，这些人有点儿疯狂，以为自己是梅约，以为自己是恩佐，他们想复制梅约和恩佐在电影里的行为：和大海搏击，挑战绝对，冒着晕厥的危险去大洋深处舞蹈。

克罗德也潜水，并且取得了引人瞩目的成绩，他以5分10秒的成绩打破了静态闭气的世界纪录。

他教授体育运动科学与技术这门课程，在大学里发展了自由潜水这项运动，鼓励学生们去探索这项活动。奥利维尔·厄勒（Olivier Heuleu），马克·库尼尔（Marc Counil）和洛克·勒弗尔姆都是这门课程的早期学生。

1992年，克罗德和他的团队创立了国际自由潜水发展协会（AIDA），1996年在自由城召开了第1届世界团体锦标赛。他们努力建立这项活动的体育组织，虽然这项活动在那时还不过是一些个人的尝试。

在选择团体比赛的概念时，克罗德和他的团队推出了几个门类：静态闭气、动态闭气、穿戴脚蹼和不戴脚蹼，但是从不

① 位于法国东南部的阿尔卑斯滨海省的一个地中海度假胜地。

带辅助下潜的铁块。

他们反对潜水越深越好的追求，并且宣传了潜水不仅有无限制潜水，即在《碧海蓝天》中提到的“带着铸铁下潜，借助气球上升”的那种潜水形式。

在将近十年的时间里，大多数的比赛都是以团队的形式组织的，这样是为了增强集体意识，并且要求运动员们提出比较合理的挑战深度。

从一开始，克罗德就明白自由潜水运动员需要经历一段磨合期才能达到成熟。如果立即举办个人竞赛，那么就会在这项运动还不成熟的时候，就开始对深度的无节制的追求。唯有克罗德有这样的见地，有这样长远的眼光。

2005 年，AIDA 组织了第一场个人恒重潜水世界锦标赛，地点依然是在自由城，尝试着将风险降到最小，控制昏厥状况的发生。他们成功了，伤亡降到最小。

自此之后，世界锦标赛就每年都举办，个人赛、团体赛轮换举办。地点有时在巴哈马、希腊、埃及、冲绳，当然还有自由城。

克罗德，现在和俱乐部保持距离了，他不再参加比赛。他来帕萨布莱也只是为了监督学生或者只是为了自己高兴。他和德尔菲娜结婚，生了一对双胞胎，他继续在大学里教课，又投身于新的追求之中——他尝试着和 FFESSM（法国水下运动研究联盟）建立联系。

尼斯学派哲学

“龙威小子”教学法

克罗德是个很懂教育的人，从不理论先行，或者可以说，他的教育理论就是在学生没有情感体验，没有采取行动，没有感受痛苦，没有品味快乐，没有将反应和天性分开之前，先不要自顾自地讲，不管怎样。

他让学生自己去实验，去试探他们的极限，去碰触他们的恐惧，建议只能在他们经历这些之后给出，然而，并不总是这样的……

这种方法开始时令我无所适从。我是那种比较焦虑的少年，专注于满足老师提出的要求，对其期待做出反应。被赋予的这种自由让我凌乱了，尽管不久就觉得这种自由很有意思，很刺激。

我等着上课，等着老师说哪些事情不可以做，需要完成什么，指定学习大纲和学习路线图。可这些全没有，我去问克罗德时，碰了个钉子，他打发我去实践，去各种玩。所有这些都让人感觉一头雾水，没头没尾的，搅乱了我的“科学精神”。但是我还是听从了他的建议，带着对教学缺乏结构性的不安，惊奇地发现这种教学方法的优点，好奇地想看看它会带我走向哪里。

克罗德寓教于乐，将参与集体任务和能力测试相结合。有一次我和于连两人要修俱乐部的船，我们没有将船拉到岸上，而是把它放入了水中。我们需要一边闭气，一边使用刮刀，一边控制氧气的消耗一边揭掉粘在船上的茗荷儿[①]，一边小心自己

① 茗荷儿是一种甲壳海洋生物，漂浮生活，常附着在船底和浮标上。

的动作一边留心工作效率。你可以用社会教学法来界定克罗德的教育方法，你还可以说他是借用了东方的教育方式，将他的“功夫”传授给他的龙威小子（Karaté Kid）。

集体意识

克劳德是集体主义的信徒。他常说：“重要的是团体，不是个人。不要进入一种个人主义的逻辑。否则团体破裂了，个人也无法保全。”那天，我刚刚打破了我的第一个世界纪录，有点儿飘飘然。我是那一天备受瞩目的明星，媒体都想采访我。我被突如其来的成名以及新闻消息的及时性所带来的可笑的压力所驱使，打算立即配合媒体接受采访。当我准备好要登上开往港口的轮渡，以最快的速度奔赴镁光灯下时，克罗德叫我遵守纪律，开始数落我：“我们都是早晨 5 点钟就起床了，就是为了先生可以打破纪录。我们都输了，就先生一个人赢了，现在他要在媒体面前出风头了，把我们丢下整理绳索和其他麻烦事儿。不行！你给我们帮把手把锚拉上来，你就待在这儿，和我们一起，直到一切整理完毕。”

潜水界有一些先驱，他们不向任何人提出要求，认为自己不需要任何人，他们生活在神秘的玻璃罩中，只有同自己的关系和对潜水的追求是重要的，克罗德反对这样的个人主义逻辑。

出于哲学和政治的原因，克罗德希望自由潜水成为一种团体活动，一种共同的事业，没有明星和小弟的区别，没有统治和被统治的关系，没有红花和绿叶的关系，不存在主人和仆人。

由 AIDA 规定的安全进程的发展更加大了对集体的需要。为了打破一项纪录，就需要七八个人准备场地，评估并认可所要挑战的深度，还要时刻保证潜水员的安全。需要搭建平台甲板，放下导绳，计时，监控是否按照规程操作。

在船上，要随时有医生或者救生员，带着医学用氧。

两名负责安全的自由潜水员潜到水下去接参加比赛的潜水运动员，待在25米处，以防上升的最后突然发生晕厥。

就像在人民公社里，克罗德坚持要求每个人完成各自的任务，不管是体力的，技术的，管理的，而成绩最好的也不可以推卸那些最讨厌的活儿。

嘲笑与快乐

克罗德对于令早期自由潜水员痴迷的东方玄学不以为然。他主张让现代潜水脱离对瑜伽，对某种佛教的从属地位，他想表示所有这些和灵修没有半点儿关系。为了下潜到深处，你并不需要与宇宙产生联系，最低也并不意味着最高。他将反教权的无神论、嘲讽艺术以及不太把自己当回事儿的态度融合在一起。最初的几年，我完全是赞同这种“去戏剧化”主义的。而如今，我试着将体育精神、运动的相对化以及对灵修的需要糅合在一起。

我在尼斯进行深水训练时，我只有17岁，那时潜水事业蒸蒸日上。克罗德发现我孤僻，总是退缩到自己的封闭世界中，切断与周围环境的关系。他骂我、不留情面地数落我：“你刚刚做出一点儿小成绩，就拿自己当雅克·梅约了哈？喂，淡定！你还有很长的路要走呢。尤其呀，别老烦我们，没啥大不了的，不过就是玩玩而已。”

克罗德很能洞察人的心理，他发现我是那种很容易自我放任，任由焦虑噬咬的人。他知道我们家家教严格，父母保护欲望强，造成了我缺乏自信，容易焦虑的性格。他分析了我的这种天生的性格之后，通过“糙”一点儿对待我来治我的这种“病”。他希望我活得豁达些，别把自己当小宝贝，别太矫情。

自由城锚地

自由城这个锚地简直就是我的澡盆呐。这么说吧，我对这个地方熟得就好像我是在这儿出生的（通过水中分娩技术）或是我最早的婴儿游泳就是在这儿游的。

从 15 岁起，我就经常来这儿。从那时起，我的下午都是在这儿度过的，摸鱼啦，划船啦。

这个封闭而有深度的小河湾西边是尼斯海岬，东边是圣让卡弗尔拉（Saint-Jean-Cap- Ferrat），四周群山环绕，形成一个天然的世外桃源，东风绕过它而行。

尤其，它的水深是变化的，简直就将周围的山的高度倒过来。从小河湾底部的水深 20 米，到信号台下的水深增加，你稍微游得远点儿深度会增加到 300 米。

这个锚地一直是海军的避风港。萨瓦王朝（La maison de Savoie）在归入法国之前就在这里养护他们的军舰。皇家巡洋舰和装甲舰同样也在这里建立了自己的基地。美国海军第六舰队战后于 1945 年到 1962 年间驻扎在此，直到后来戴高乐和北约疏远了，美军才撤出。

如今，我们的活动比 20 世纪初在此研究浮游生物的俄国生物学家的活动要温和许多，也没有那么强的科学性。

我们更愿意选择住在东边，圣让卡弗尔拉的信号台下面。

我们光着身子潜水玩，但是没有任何和性相关的想法。在北纬 43° 40′东经 7° 19′处，我们将 7 米长的半刚性的黄色标记杆浸入水中测量深度，再一段段地放下 150 米尺子。

我对这个地方太熟悉了，根本不用带任何助航标志，就可以说出任何地方的水深，误差不超过 2 米。

4

失重（水下 30 米）

一切都失重了

我在水下 30 米，肺部被挤压得越来越厉害，已经越过中性浮力点，阿基米德原理不再适用了。

手臂放在身体的两侧，慢慢摆动着脚蹼，海水的蓝色从品蓝变成青灰蓝，我发现了一种感觉让我雀跃不已：失重。

拜拜啦，牛顿！拜拜啦，万有引力！在这里，苹果不会落下砸到我的脑壳上。而我只是在地球上，在水下 30 米，不需要搭乘火箭，也无需身处阿波罗号的密封舱中，也无需运载火箭，或者像那些亿万富翁一样花钱做太空旅行，就可以有这种失重的感觉。

为了体验加加林（Gagarine）、阿姆斯特朗（Armstrong），让-卢·克雷蒂安（Jean-Loup Chrétien）或丹尼斯·蒂托（Dennis Tito）曾经体验过的生活，为了感受空气和太空只给少数人的独特感受，只需下潜到水下 30 米，稍有经验的自由潜水员以及水肺潜水员都有这个能力。

在陆地上，人们不断地感受到万有引力的限制。

戴着脚蹼下潜 30 秒，你就可以摆脱物理定律的束缚，你可以在墙上行走，在一个新的时空中肆意漂流，或者还可以邀请海鳝来跳上一曲探戈。在水里，周围的环境托着你，你可以完全地放松自己。

对于有一定运动经验的人来说，这种好玩的感官体验是可以想象出来的，但是对于我们大多数同胞而言确是匪夷所思的。他们将潜水视为一种无法企及的探险，并且这还不只是几个疯子的狭隘的执念。

为了让新手们感受这个活动的魅力，我只需带领他们下潜到 5 米深处，让他们感到自己就像是风中飘扬的旗帜，舞动的飘带，涨潮时的海带。目的是让他们去发现什么时候张力变小，什么时候感觉完全放松，什么时候感受到相反方向的力，什么时候忘记了物体的重力。

那些体验过这些的人们，那些为了进入这个虽然和我们通常生活的空间很近但却完全不同的平行空间的人们，那些甘愿丧失自己的方位坐标的人们，那些返回水面时头发乱糟糟、脸都变了形的人们，他们心中只有一个愿望：再回到深处再去体验那和谐的时刻。

宇航员与潜水员

宇航员和潜水员之间存在着相似和竞争。他们都追求探索新的领域，都希望远离地球引力。

宇航员奔赴月球，还惦记着火星。潜水员们希望潜入古老的大洋深处，不理解为什么这第六块大陆不是更有价值的挑战领域？

或许是人类想要高飞的愿望以及高处的象征意义给太空的探索戴上了情感上金色的光环。

或许是出于要下潜至墓穴中，沉浸在最初的生命开始萌芽的泥坑中的想法弄得爱思考的人类心旌荡漾。他们要追求纯洁的精神，从动物性中解放出来，从自己的肉身中解放出来，在精神的天空中飘曳。

人们对太空世界有无可比拟的兴趣。这可以从地缘战略的较量，借助人造卫星进行互联网沟通的热情，对远方的兴趣，以及试图证明天空并不能构成限制的雄心中看出来。

相比之下，人类向下探索的潜力却被低估了。海洋的潜力和对它的挑战离人类足够近，但正是由于它距离人类更近，显得平淡无奇，海洋领域总是被人们忽略，像是一件东西唾手可得的话，人们就没有那么渴望了。

虽然说了这么多关于尝试全方面开发海洋，收复海洋领土的问题，但我依然可以公开表明如果明天有人推选我搭乘太空飞船去执行一项定居火星的任务，我也会迫不及待地连合同附加条件都不看就签字同意。过去水手要加入到远洋探险中，通常画个十字，然后获得一杯朗姆酒，要是让我去太空探险，酒都不需要给我，我也会去。

即使不去月球或者火星，能在太空失重的状态下待上一段时间我也乐意啊，就像在电影《重力》中乔治·克鲁尼（George Clooney）那样，在星际的虚空中漂浮。我想颠倒我日常由下向上看天空的视角，从上往下凝视地球。

我希望从高处俯瞰地球，端详它蓝色的纯粹的大气层，周围是宇宙无尽的黑色。我相信，这个视角会令人感到震撼，改变我们看待我们所居住的环境和我们家园的方式。

法国宇航员让-弗朗西斯·格列福瑞（Jean-François Clervoy）在执行一次太空任务归来之后宣布："地球是一种有生命的地质存在，她会比我们存在得长久。在有生命存在的地球历史中，从 3 亿年前至今，地球已经经历了 5 次大的灭绝，但是都不是彻底的，因为每次生命都会在海洋中再次出现。地球就像是一个太空飞船，我们要对她保持谦逊和敬意。"

无论是升入天空，或是潜入海底，相对于地面而言都是一种退让，为了表示出更多的尊重和谦卑，这就是垂直方向的探索者们的共同之处。

向火星进军

儿时，我读《丁丁历险记》，最喜欢《我们行走在月球上：寻找红色拉克姆的宝藏》那一章。这个刷锅水中的未来潜水员起先曾经是一个带星的骑兵。

我不敢承认梦想去太空，觉得去银河探险是不可能的事情，所以我最初想成为一名天体物理学家。

小时候，我很多时候都沉浸在百科全书中，阅读《天空与太空》那一章。唯一一次去尼斯的天文馆，我简直凌乱了，太震撼了。通过望远镜，我盯着天狼星，参宿四，毕宿五、猎户座，大熊座的方向看，我端详土星的光环、木星上的斑点，还有月球上的"静海"。据说要去距离地球最近的星星，利用如今的技术还需要走17 000年呢，听得令人大跌眼镜，不禁要扪心自问，人是多么渺小啊，就像一粒尘埃消失在宇宙中。

同时，这还给我一种想去看看的渴望，我总是感到在我的身体中，既有常常被压抑的不安，又有普罗米修斯般的意志主义鼓励我去行动……

我总是着迷于广阔。我不停地扪心自问关于无限的意义，不停地想凿开云层去看看那里面到底隐藏了什么东西。我总是被一些形而上的问题所困扰，这些问题令我痛苦，它们钻进我的脑袋，让我绞尽脑汁地思考，我在感到一种眩晕的恐惧的同时，也感到一种智力的刺激。

在我们的星球之外有其他东西吗？有没有其他形式的生命？是否存在超人？我们是宇宙的主人呢，还是只是立马就会变成末的微小的粒子？人死后会发生什么？如果我们到了太空，与时间的关系变得不同了，我们是否可以暂时绕过死亡？

我觉得有人们无法想象的其他生命形式存在。在欧罗巴（木星的一个卫星）的冰盖之下，存在着一片清澈的海洋，在它的中心，有一个热核，如果热泉从欧罗巴的最深处喷出，和它的海洋融合在一起，我们就会重新找到让生命得以在地球上发展的条件，也就是著名的“原始汤”——我们共同的起源。

有一天，一艘飞船会起飞朝着欧罗巴飞去，飞船上带着一个潜水机器人。然后，人类自己也会沉浸入这片大洋中。

我或许赶不上参加这样的冒险运动了，心里越想越嫉妒，由此感到一种沮丧。我们的时代进步得令人吃惊，然而，我们依然处于进化的过程中，无法想象，即便是在科幻小说中，也无法想象以后会变成什么样子。

“地球是人类的摇篮，但是人要在摇篮中度过一生吗？”俄罗斯现代太空飞行学理论家扪心自问。去别的地方发展自己，这种精神存在于我们的血液中，走向未知，去探索是人的本性。

在此期间，我密切关注火星载人飞行项目的进展。我准备好了，准备得不能再好了，我的候选人文件已经寄给了美国国家航天航空局（NASA），全国空间研究中心（CNES），寄给了未来的联合空间组织，这个天空的联合国应该不久就可以问世了。

我描述了我自由潜水的经历，我对失重感觉的控制，我抵抗压力的能力，这些都将非常重要。尤其是我的信念的力量不可小视。

一个来回要三年时间？那又怎么样呢？我和茱莉说了，我要参加这次伟大的旅行，我不可以错失这次机会，错失这份来自上天的礼物。

她只好和我一起申请，我们一起去。那小玛伊露呢？哦，当然，我们要带着她一起了。

阿伦德陨星

在我们尼斯的公寓里，我细心地保存着一个我非常喜欢的小东西，我以后要把它传给我女儿。这东西是我花了 100 欧元买的，但是它的意义重大。它有点儿像 17 世纪人们屋子里放的那些用作哲学装饰的头骨，那些万物虚空图，提醒人类他们总有一天会死的，时光流逝，他们终将从土中来，再回到土中去。

它是阿伦德陨星的一个碎片，阿伦德陨星在碎成好多碎片之后于 1969 年 2 月 8 日坠落在智利。这块含碳的球粒陨星出现在四五十亿年前，产生于太阳星云的中心，然后在火星和木星之间围绕太阳转动，最后结束了旅行，碎成碎片落在了地球上。

世界上拥有这个陨星的碎片的人们之间有一种浪漫的兄弟情谊，这个碎片是我们可以接触到的最古老的东西。

这朵“沙土玫瑰”将我们带回创世纪时期，带回到宇宙大爆炸的年代中去，她令我们碰触到永恒，而我们一般思考时间是在人类历史的范围内进行的，以一代人的时间，以家族谱系的时间，以孕育一个婴儿的时间。

或者更加乏味些，我们用完成一个项目的时间，购买一套公寓，最终还完信用卡的时间，世界锦标赛的日期，来倒计时思考时间。

我们制定五十年、十年以及五年计划。

我记得我女儿出生的日子，洛克去世的日子。我记得 2003 年的那个三伏天。我记得密特朗总统当选的 1981 年，我出生的前一年。面对着时间的转瞬即逝，我手中的这小片陨石体现了当下的辽阔，过去的丰富和将来的不可确定。

这令我远离当下，从责任和输赢中抬起头来，让我在星际间翱翔，在极远、极大又极小的银河间翱翔。知道某些天体发出的光，今天照耀我们的光，也曾经照耀过恐龙，它穿越 6500 万年的时间照耀在我的身上，这令我感到安心，平静。

我相信如果每个人每天都能抽出几分钟的时间放松一下，不去想不可控制的生命的倒计时，世界就会更加美好。我们应该从我们的痛苦中抬起头来，仰望星空，在高处，繁星点点，哦，好美啊！

天空是我们永远不会厌倦的景致。朋友、情人、恋人、邻居、亲戚，我们面对这平静的天空中的闪烁繁星时各自思绪万千。喝下一罐啤酒，然后倒头睡去，就像什么没发生过一样。

不经常尝试新东西是不对的。我们应该离开我们陆地上的条件，从我们的人类中心论中走出来，走到我们的五种感官之外，去体验别样的时空。我们应该张开双臂拥抱未知，解放我们的意识去尽情地接受我们所凝视的景象带给我们的感觉。

在我们的面前，是一个不可触及的世界。我们可以观测到的星星构成一个巨大的整体——银河系，我们的近邻。在晴朗的夏夜我们可以看到天鹅座中的天津四，它是最亮的最远的星星之一，距离我们有 3200 光年。我们喝着玫瑰红葡萄酒时看到的光是 3200 年前发出来的。这既了不起，又不算什么。

在没有光污染的清澈的夜空中，我们可以看到仙女座，那是银河系以外我们的肉眼可见的唯一天体。它距离我们 250 万光年。那束光线发出的时候，似乎是人类刚刚学会使用石头制造武器的时候。

我幻想着自己在天上，将思绪投向无限的虚空，投向我们从未抵达的远处。当我收回目光朝地面看去，我平静地从这种体验中抽离出来了。

巴尔雅韦尔和郑春淳

几堂课令我受益匪浅，使得我对世界、对他人以及对灵修的认识有所提高，还有对认识我与我的运动、我的对手、掌控我们的力量的关系也大有裨益。

老虎的饥饿

《饥饿的老虎》是勒内·巴尔雅韦尔（René Barjavel）于1966年写的一篇非常具有玄思性的论文。里面的话语让我感觉像炸弹落下来，震开了我的双眼。我对文中所提到的对人、生命和上帝的反思感到震撼。巴尔雅韦尔拷问人类的生存条件，他指出人类无法了解他所深深浸淫的环境，他一边描述所有生命形式为了生存所采取的暴力之荒谬，一边谈论他者的死亡，他提倡“生命从生命中得到滋养”。

在这个反思中令我感兴趣的是，巴尔雅韦尔描述普通东西的魔力和所有的事物都具有的天赋的方式。他以耳朵为例，耳朵是我们所有人和很多动物共有的器官，详细地描述了耳朵的不同功能，以及一个声音是如何穿过耳廓、鼓膜、锤骨、砧骨的，脑电波又是如何传到大脑，由大脑进行分析处理的。

巴尔雅韦尔越是进入到微小的细节，他就越发现这个如此简单如此明显的器官的完美和高效。他自言自语道，如果人类想创造一个同样的东西，是做不到的，他惊异于基因的变化最终产生了一个如此完美的器官。

和巴尔雅韦尔一样，我不太相信单靠达尔文理论就可以解释进化。他指出：是一个伟大的建筑师，一种力量，一种意愿创造了世上的一切。

关于上帝的问题。不是人们编造出了上帝，而是上帝是宇宙的设计师的想法令我着迷。在创世纪之初世上到底有没有什么东西呢，或者我们只是偶然的产物吗？这个问题困扰着科学，哲学当然还有宗教领域，需要一个令人满意的解释。

爱因斯坦曾提到："自然法则的和谐揭示了一个如此高超的智慧，使得人类所有的思想和创造性在其面前只能暴露出可笑的虚无。"

我觉得我和让端木松（作家，我读了很多他的书）是一样的，是"一个试图相信的不可知论者"。

我不相信宗教里所说的上帝，但是宇宙诞生于偶然和必然的假说对我来说似乎也是疯狂的想法。

我是2009年读的巴尔雅韦尔的书。我从一个非常困难的时期走了出来。从2004年到2006年，我的进步减慢了，我发现了压力，痛苦，经历人生第一次昏厥。2007年洛克死了。2009年，我重新对宇宙，对天文学，对无限的概念感兴趣。那时，巴尔雅韦尔是个非常有趣的交谈对象，是火花，重新燃起了我好奇心的神圣之火，同时我在潜水方面的表现也开始真正解冻。

郑春淳（Trinh Xuan Thuan）

我一下子就被这个信佛教的天体物理学家的方法迷住了。他似乎是将科学与宗教结合了起来。他在书中写道："当我看到这种美，这种协调，我总是感到战栗。在我看来，所有这一切都没有任何意义是不可能的。宇宙似乎被完美地安排，等着一个懂得欣赏它的组织形式和它的和谐的人出现。"这就是所谓的"人类原则"，郑春淳是它的虔诚的捍卫者。我读的他的第一本书叫《混乱与和谐》，它是由现代宇宙学催生，又点缀着一些灵性的反思，充满诗意和对这个世界迷恋的凝视。

这些不同的书让我在日常生活中保持心灵的宁静，在面临生活的困难时可以保持淡定，并且它们帮助我在海底深处时进行个人的反思。

水族

我在水下 30 米处，慢慢远离陆地上的生活。我与那些似乎最适合人类生存的条件说拜拜了，告别了现代的舒适和便捷，也告别了不受天气影响的城市性。

刚好相反，我觉得正是在这儿我才重新找到合适的自然环境，我出生之前所处的环境。我觉得在这里我找到了孕育人类的羊水，它使得我们可以恢复元气，再生，而这正是如今很多城市人，以及很多宅在办公室里的人，那些整天盯着电脑的书呆子们，还有那些从来不见阳光的人们所缺乏的。

一些水边的民族和文明已经丧失了同这种最原始的环境的接触了，这不一定和经济发展的情况相关。有一些富裕的国家继续在庆祝对水的崇拜，而一些贫穷的国家当他们不再缺水，或者不再将水视为危险、威胁、周期性的灾难时，对水就毫不在乎了。

在布达佩斯，浴室依然是人们见面、玩象棋或者看着时间流逝的社交场所。浴室玻璃上的水蒸气意味着脂肪和焦虑都可以同时在此消溶。在匈牙利，水依然是幸福的象征，在身体和灵魂的洗礼中可以达到灵肉合一的境界。

日本也和水保持着一种紧密的关系，在一次为我的赞助商（波尔表）做推广的旅行中我发现了这个与水有不解之缘的国家。波尔品牌需要我在日本待三天，后来我和公司要求把我们的返程时间推后了两个星期。

背上背包，和茱莉一起，我们单独出发去发现这个不一样的，迷人的世界。我们真的沉浸在了童年动画片里那个虚幻的世界中了。20 世纪 90 年代被诋毁得很厉害的日本漫画塑造出一个充满陈词滥调的日本，然而如今我们却重新置身于一种漫画般美丽的大自然中。

我们喜欢和西方饮食完全不同的日本菜，欣赏这里人们的态度，他们那有距离感的礼貌，仪式化的尊敬以及传统和现代的结合，他们的隔扇和小庙宇，尤其是，我们成功地融入了他们的温泉文化中。

温泉浴室是露天的公共浴室，由温泉供应热水，在日本有 21000 个温泉点。水温在 38℃到 40℃之间，人体感觉舒适的温度是 37℃，所以人泡在里面会感觉有些烫。

无论是领导还是工人，中产还是农民，在工作了一天之后回家，都会光着身子在热气腾腾的浴池中好好泡个澡。他们泡在里面，嘴微微张着，眼神朦胧，在脸上或者头顶放上一块白色的毛巾。

我记得一次在北海道（日本北部小岛）泡温泉。一个小木屋上开着一个小门，我们进去，付了 2 欧元，那儿分别有男女更衣室，然后男人和女人就到各自的温泉池子泡澡去了。这样男女分开可以让人抛弃性方面的想法，完全沉浸在这种与大自然和谐相处的健康的活动中。

脱掉衣服，进入热气腾腾的池子里，空气中充满了水蒸气。那天晚上，附近有熊出没的国家公园下起小雪来，远山消逝在

4

热气形成的水雾中。我们待在那儿，身体浸在水中，脸上迎着寒气，只需泡上几分钟，热乎乎的温泉就会让你面色红润。和日本人肩并肩地泡在水中，我感到自己仿佛属于某个将水奉为至高女神的古老文明之中。

一个温泉浴场，包含 90%的热池和 10%的冷池。有点儿像芬兰人先蒸个桑拿然后再跳进冰窟窿里，日本人也是从热池子里出来再跳进冷池子中，在他们的“润肤乳”中加入一点儿——就一点儿清凉。

正是在这里我们重新感受了熟悉的潜水反射。在热水中，心跳加快，血管扩张。在冷水中，心跳变缓，血管收缩。

在日本，我们有个向导，叫凯滋（Kaz）。他是一名很有天赋的自由潜水员，还是一名艺术家，他写作、谱曲、教书，还做着一个有点儿独特的小生意，他给那些想看海豚的人当向导。

说到温泉池子，凯滋和我的看法不同。我觉得泡村子里的小温泉池挺好。但是凯滋喜欢迪士尼，喜欢机构繁杂的大型游乐场，可供选择的服务和奢华的设施。但是总是有这样一种日本的水文化，被保留下来了，作为一种恩惠，一份来自上天的礼物。

我很喜欢日本，我去过日本五次，每次去都感受到她的魅力。在东京，我见识了它的疯狂以及传统和现代不可思议的共存状态；京都是历史重镇；在奈良，我看到了日本的内陆山区，我和茱莉一起在秋季红彤彤的广袤的森林中漫步；在北海道，见证了它残酷的自然气候；在冲绳，看到了健康的食物和那里的百岁老人们。

如今，日本应该正面临着福岛灾难。我们到达了汉娜·阿伦特预言的这个糟糕的时刻，悲剧的时刻：“我们与大地之间所保持的理论上的距离赋予了生活在大地上的我们一种技术能力，而这种能力却很有可能将生命的自然进程置于危险之地。”

在我们住了那么多个夜晚的位于千叶的凯滋的家里，存在着非常强的辐射。有些人默默地接受了这种宿命，而另外一些人选择了逃离，比如桂子，我们在日本逗留期间她曾接待过我们，自那以后，她就去泰国生活了。

我非常欣赏日本人应对这场灾难的方式，平静而充满修行的意味。我会再去日本的。

5

引力（水下 50 米）

引力

在水下 50 米附近，下潜变得舒服起来。这是令人感到愉快的时刻，不费力气，感到一股力量把你拽向深处，但是那种力量又不是特别大，特别暴力的那种。

一只手握着夹在两指之间的导绳，我不用费多少力气非要把这个时刻弄得充满运动感和肉搏感，恰恰相反，这个过程是温柔的，轻盈的，如梦一般。这是一股潜在的吸引力，带着罂粟般的温柔。慢慢地，你心甘情愿地被一种母性的吸引力俘获了，但完全不是那种妖女的吸引力，是包容的不是引诱的，它在你的意志的周围编织起一张慈爱的网，将你拉入心甘情愿去的地方，你觉得你完全心甘情愿去的地方。

我以每秒 1 米的速度下降，相当于 3.6 千米 / 小时。要到达马里亚纳海沟（la fosse des Mariannes）的底部，需要 3 个半小时。

生理支撑不了那么久，但是这梦幻般的状态让我感觉像是坐着缓缓行进的雪橇，沿着甜蜜的下坡落入棉花堆里，直到离地球的中心越来越近。

当要靠近火山内部的火焰，靠近处于熔融状态的地球内核时，一股寒意袭来，与之相伴而来的是黑暗的海底深渊里的阴影，让人感觉很不舒服，就像是闹鬼的屋顶上破碎的玻璃。

我在极限潜水中不戴面罩。如果戴面罩，我就得通过鼻子呼出少量空气来平衡水压，避免面镜镜片破碎扎到我脸上。而这珍贵的空气会在我在水下 100 米为了平衡中耳压力而急需空气之前消耗殆尽。我也不再戴泳镜了，因为从水下 10 米开始，压力就会把眼睛挤出眼眶。

我在一种豆荚蓝色的混沌中缓缓下落，眼睛像近视一样半眯着。

在这个深度的海域，海水滑过我的脸，像是在轻轻地捏我的脸颊，仿佛大海伸出手来辨认她的孩子。她像一个失明的母亲，摸摸我的前额，脸颊和紧闭的嘴唇（却从不用手指蛮横地掰开），在脑海中再现我的那些已经消逝的祖先们的可爱的特征。

我喜欢这种和大海的亲近，我让她随意地揉搓我的脸，我感受着海水温度的变化。对于外行人而言，这种做法好似梦魇一般。抛开在陆地上用得最多的感官——视觉，初出茅庐的潜水员会感到迷失，身体会因海水的冰冷和海水在眼皮上的运动而紧张。

我通过调动其他的感官已经和这种环境建立起非常亲密的关系。我的眼睛睁开再闭上，仿佛它们每次只能看到一个地方。当我闭上眼睛时，我就与我的身体展开单独的会谈，在被压缩的内脏和放松的肌肉之间开始了一段内心之旅。当我半睁着眼睛，我看到逐渐变幻的蓝色，沉静而单一的景象令我心绪平静。

如今我有时睁着眼睛，有时闭着眼睛，眼睛到底是睁着还是闭着则要看时间，看心情，看条件，看地点了……

免手耳压平衡法（BTV）

中耳平衡（compensation）是借助肺里储存的空气来平衡下潜过程中中耳随着深度增加而不断承受水压的机制。耳压平衡贯穿每次下潜的始终，因为在潜水过程中随着深度增加，水压也在不断变化。在上升过程中，随着压力的减小，气体会膨胀回原来的体积并从中耳中逸出。

有三个可以用于平衡耳压的技巧：

1）瓦耳萨耳瓦手法。通常，你要从肺中呼出空气，但是嘴紧闭着，用食指和拇指捏住鼻子。比较容易做，但是非常消耗能量（需要举起手臂，捏住鼻子，并且要保持符合空气动力学的姿势），这种技巧也是新手中使用的最多的一个。

2）法兰佐（Frenzel）。将空气吸入口腔，一边将舌头抵住上腭，一边进行中耳平衡。如果有可能的话，尽量以这种技巧开始，更加放松些。

3）免手耳压平衡法（BTV）。嘴闭上，将下颌张开，用耳垂周围的肌肉打开耳咽管。这样可以使空气自然地平衡水压。这是最有效的技巧，能量消耗最小，不需要用手，并且这种平衡法几近自然。我很有幸可以使用这种技巧。

耳咽管的“高速路”

自然赋予了我一个对于使用这个技巧非常有用的礼物。我的耳咽管很宽并且开口很大。如果说其他人的耳咽管是“普通公路”，那么我的耳咽管就是“高速公路”啊。这种生理上的特殊性让我可以平衡中耳，轻易的将空气送到耳鼻喉的区域。

口腔含气耳压平衡法（mouthfill）

目前这种称为“mouthfill”（口腔含气耳压平衡法）的技巧使用非常广泛。这种技巧的理念就是在水下 30 米时保留一定的空气在耳鼻喉、嘴、后咽部。

事实上，我将存在于我的肺部、还有嘴里的空气全部排出。这样可以用的空气，离耳咽管非常近，可以令平衡更加容易，更加放松。

当我停滞在水下 96 米时，我利用这个技巧跨过了水下 100 米的大关。凭着这些年的潜水经验以及我掌握的“嘴部填充”技巧，我知道我可以潜到 130 米以下。

不过，不宜向初级学员过早地教授口腔含气这个技巧。在仅仅两年的时间里，没有任何经验的自由潜水员就可以到达足够深的深度，他们会受伤，会感到害怕和不适。

不用口腔含气，我曾经成功地接近水下 100 米的深度，只是依靠长时间不断训练，还有好奇和耐心，如今，我依然因此受益。

我是作为一个潜水老手说这话的。我依然可以想象克罗德冲一个向他询问有关嘴部填充建议的新生发飙：“别他妈的总想着口腔含气，先学习潜水！”

我现在差不多也会这样回答！

耳朵

常常，那些没能下潜到理想深度的运动员上来之后都带着一种极大的沮丧。他们会当着全世界的面表达他们的愤怒：“我他妈的平衡没弄好！”或者“去他大爷的耳朵！”或者更加克制一些的，会带着些许遗憾说：“耳朵过不了关呐。”，让人不禁会想，这个听觉器官是决定他潜水成败的关键。

当然啦，这只是对结果的简单概括，中耳平衡失败大多数情况下是由其他更深的问题导致的直接结果，例如技术失误，不够放松，或者是面临压力身体柔韧度不够。

事实上，在下潜的过程中肺中的空气会大幅度减少，运送所需的空气用于中耳平衡变得越发困难，为了成功完成这个任务，需要有高超的技术，最大限度地放松以及胸腔要具有很大的柔韧度。

提前转身

法语里说：“我返回了。” 英语里称为“提前转身。”

不管是在水下 50 米，还是 120 米，当我“提前转身”时，我都感到同样的沮丧，我都是同样地咒骂：“妈的！太他妈的差劲了！差劲死了！”上升的过程中没有了任何压力，往往毫无顾虑，一种“无所谓”的态度引起精神上的松弛。我无精打采地草草离开，弄得我的朋友们非常吃惊，还以为我是下潜到 50 米就返回了，虽然我是潜到了 120 米返回的。

一切都取决于人处在 30 米到 50 米深度的时候，在嘴部填充的时刻。如果空气轻松地从肺部移注到耳鼻喉区域，那么未来就是光明的；如果发生困难或者意外情况，就要担心了，可能会坏事，也可能渡过难关。

在自由潜水中，不可能作弊，也没有“如果”可以假设可以重来。有提示上升回水面的标志牌，有相机记录潜水成绩，有测深器来证实，有声呐跟踪事态发展。很快，我想，下潜情况就将被完整地拍摄下来。

不同人的性格，他们的表现我可以预知个八九不离十。有些性格焦躁的，在一阵焦躁之后往往就提前转身回水面了；还有“打肿脸充胖子”的，先夸下海口，有时候可以达到那个深度，但是经常都是由于压力太大而突然回到水面；还有“拼命三郎”的，不管他们有什么样的感受，他们都希望到达最大深度，结果往往是提前转身或是陷入晕厥状态，他们根本不在乎。

我更愿意归入谨慎实际那一组，保持宣布的深度在自己的潜力范围之内。

如果在你的身体极限范围内折返，基本不会造成什么生理上的后果。往往，人们遭遇“红灯”，就是因为技术上有失误或者身体感觉不适了。

但是当你在水下很深处折返时，你常常会听到自己鼓膜呼呼的响声。有些人遭遇过鼓膜爆裂，这是非常恐怖的，那层薄壁裂开，就开始流血，水进入内耳。你就失去平衡的所有意义了，你无法区分深浅，需要使劲儿抓住绳索才能保命。鼓膜爆裂需要一个月才能恢复，虽说不会因为这个受伤而被禁止所有的潜水活动，但是恢复后的鼓膜，往往更硬，抵御压力的柔韧度更差。

我从来没有经历过这种事故。但是在我挑战水下 127 米失败的过程中，我必须承认我的耳朵受了些伤……

在已经下潜很深了的时候折返是非常难受的事情。这就像一个登山运动员要挑战珠穆朗玛峰，却要在海拔 8600 米的时候返回。真是沮丧加疲惫啊，因为放弃并不意味着就不用努力了。那些挑战失败的登山运动员往往还要抵御凛冽的寒风或者非常恶劣的天气回来。

在自由潜水中，你返回，但是并没有结束，还要靠自己的努力返回。不能说：“停！我不玩了！”然后就像变魔术一样回到陆地上。这不是电子游戏，就像在大海上，要想结束，要先回到港口才能停止。

不要把提前转身和自我放弃相混淆，后者会将你淘汰，可以不再做任何努力。就像在马拉松比赛中，你站到路边，晕倒在路上，或者举起号码布，然后就没有然后了……

常常，我会感觉自己有点儿像阿波罗 13 号中的宇航员们，为了一次载人飞行而出发，却遭遇氧气罐爆炸，全体机组人员躲在登月舱中，节省能量和营养，在所有人都无法想象的狭小的空间内共同生存，无法登月，却依然要围绕月球转动，利用其引力才能返回，最后艰难地回到地球。

血液转移

在水下 50 米，我肺部的体积远远小于在水面的 10 升。胸腔受到水压的挤压，体积只有 1.5 升。并且在接下来的潜水进程中——目前仅仅处于开始的三分之一——会将肺部清空。

事实上，当肺部达到其残余容积[1]之时，血液转移[2]就开始了。肺壁吸入血液。血液填充已经形成了的真空。这样会令胸腔更加坚固，避免胸腔的坍塌，保护肺部的完整性。这种血液转移不仅会作为替换空气影响肺的内部，还会影响到它的外部。锻炼可以令肺部组织在面临非常剧烈的变化时保有必要的弹性。

很长时间以来，医生都在关注潜水员们。医生们认为，超过水下 50 米，身体就会内破裂。恩佐·马奥卡(Enzo Maiorca)曾经接近水下 50 米附近，他一直强调一切都进行地很好，他感觉可以下潜得更深一些，可是他终究无法说服医生，无法打败那个年代意识上的理性主义，无法超出可接受的谨慎范围行事。 5

这种血液转移机制存在于海洋哺乳动物中。抹香鲸，潜得最深的一种鲸鱼，离开水面的时候会将肺里的空气排空。

对于人类而言，通过训练，可以重新激活那些自从人类离开原始的水域之后就已经遗忘的身体机能。

我意识到对于 20 世纪 60 年代（也就是半个世纪以前了）的潜水界先驱而言，不遵医嘱是一件很难的事情。他们那个年

---

① 残余容积，是指人在尽可能吐气之后还残留在身体内部的气体，主要是由于胸腔周围肌肉弹性的限制。

② 即血液进入胸腔帮助肋骨支撑外在水压。

代人们更加尊重医生以及其他专业人士的意见，而不像现在，普通的网民就可以对很多专业问题有一个基本的的概念认识，从自己的实践出发，观察那些理论假设本身以推翻那些专业人士的墨守成规。

在生理领域，经验是起决定性作用的，设身处地地感受才会激活那种生理反射。这样可以扫除门口那些落满灰尘陈旧的证据，超越那些长久以来的陈腐观念。

实验室里冒生命危险的小白鼠常常可以比坐在办公室里的思想者们更有说服力。但是他需要解决一个隐藏的矛盾，他需要在活体中验证他所构思出的假说以证明其有效性，同时他也知道如果他胡说八道，就面临着丧命的危险。

平行的两种医学

我很高兴，潜水界已经打破了对医生的唯命是从。肺真的会在水下 50 米处破裂吗？在恒重下潜项目中，人可以下潜到水下 128 米。在无极限潜水项目中，人体可以触及水下 214 米的深度。

我对西医和所谓准确的科学所固有的笛卡儿主义都持有一定的保留态度。

西医确实取得了巨大的进步。所有的疾病或者说近乎所有的疾病都可以被医治，尤其在急诊手术和外科方面的发展令人惊叹。繁复的手术、高超的技术，以及给疾病以猛烈打击的化学药品都可以解决非常紧急的病症。

在西医里，身体不是被视为一个整体，而是各个独立部分的组合。西医治病也是根据症状分别进行医治，肚子不舒服，我们有消化专科医生；喉咙不舒服，我们有耳鼻喉科医生；皮肤病呢，我们有皮肤病科医生等等。

我的主治医师是一个全科医生，但他同时还是顺势疗法派，会针灸。他给我讲饮食和心理，并且根据具有三千年历史的中医疗法给我进行针灸理疗。他从不仅仅停留在症状上，而是将我视为一个整体，在给人体一定辅助的同时信任人体自身的智慧和能力。

要不是他，我就得经常去找我的整骨医生尼古拉斯·德玛涅福（Nicolas Demaneuf）了，他专注于矫正由于密集训练导致的平衡失调。

中医，还有那些甜甜的药丸，被称为和西医相平行的医学，它的治疗以预防为主，坚持灵肉合一的理念，更加适合我。差劲的饮食，糟糕的生活卫生，慢性过敏症，以及不可控制的压力，这些是 21 世纪病，而应对这些，传统的西医只会给你开一些药片和抗抑郁剂。

我嫂子卡罗尔带我进入了筋膜按摩疗法的世界，这种理疗方法是由丹尼斯·布瓦（Danis Bois）发明的。这种非常温和的手工按摩疗法作用于筋膜、包裹着肌肉和器官的那些细致的薄膜上，它可以令身心重新恢复和谐。

这些筋膜由体内运动而获得活力。在遭受生理或者心理上的创伤时，筋膜上会形成张力。这些张力会导致它的运动受阻，从而影响身体的整体平衡，扰乱身体复原的动力。运用筋膜按摩疗法，卡罗尔帮我治愈了任何其他方法都无法治愈的一种腱炎。

西方总是视身体为第二位的，是精神的仆从，灵魂的跟班。

最糟糕的是，西方对精神分析的热情不过是同一种信念的另一面表现，即精神引领世界，而身体不过是要解决的问题所在，或者是神经官能症的表达途径。

当我们重新将身体和精神放在平等的位置时，我们应该可以更加细致地思考灵与肉的结合并将人体未被开发的潜能发挥出来。就像在思想的传播领域，在苏联解体之前苏联人非常专注于这一领域的研究 。

确实，在涉及将创伤视为整体的一部分，一个更大的问题的一部分，认为它是由多种错综复杂的原因引起的症状时，我们已经掌握的机械论、因果论的逻辑体现出了它的局限。

节食

在加深对身体认识的追求中，我天生的好奇心引领我走向了节食。我可以闭气 7 分钟不呼吸，为什么不能 7 天不进食呢？在这次尝试中你会看到一种挑战和身心经历的融合，尤其是在进击一个很长的训练季之前自我洁净，自我净化的意愿。

就像我耐心地令我的身体适应缺氧的状态一样，我听从专家的建议以完成我节食的第一天。我选择了一个比较温和的方式：早晨喝下 200 毫升的果汁，晚上喝一份蔬菜汤，水不限量。

节食的第一天非常刺激，虽然机体饱受饥饿的折磨，但是那种新奇感令人着迷。而第二天更糟糕，饥饿感无处不在，身体和精神上都感到饥饿，每时每刻眼前都浮现出汉堡的影子。

之后，饥饿感就消失了，身体开始变得轻盈，一种美妙的满足感充盈整个身心，灵魂变得明亮。创造力和想象力被一种看不到的力量所滋养，睡眠少了，但是质量提高了，身体变换着模式，适应着，而我着迷地见证了它的适应能力。

第六天，我和我的一位资深舍友塞德里克一起去高山滑雪。为了谨慎起见，我在背包里放了些无花果干果，以便在万一出现身体虚弱的时候补充能量。

塞德里克，三个小时前吃的早餐，结果出现了低血糖，我把我的“口粮”给了他，我一点儿都不需要。我在雪上飞翔，而他呢，状态却不是太好，个中原因自己去理解吧！

第七天，我开始慢慢地开始吃东西，但是没有什么食欲。我都有点儿害怕自己会不会再也感觉不到饿了！幸运的是，就像骑行没有被忘记，饥饿感也没有被忘记！

使用兴奋剂？

对于自由潜水运动员来讲，说到兴奋剂的话，哪种兴奋剂可能会有作用呢？是可以减缓心率，降低压力，令人摆脱紧张的β-受体阻滞剂吗？只不过，在水下 100 米，很难说服了β-受体阻滞剂之后心脏会怎样反应？

还是可以提高血液中氧气储备能力从而增加闭气时间的促红细胞生成素（EPO）呢？EPO 有令血液变稠的倾向，在潜水反射和血液转移等现象打破正常的血液循环的活动中，服用 EPO 不亚于握着一把左轮手枪。

那吸纯氧呢？何不为之呢？只不过在水下 6 米，纯氧就变成有毒的了，吸入过多氧气的自由潜水运动员会很快面临氧分过高的危机，这可能引发痉挛、晕厥和手足抽搐。

β-受体阻滞剂、促红细胞生成素，还有纯氧，这些对于在垂直方向上运动的自由潜水员而言都是最为危险的“鸡尾酒”。在游泳时，静态或者动态闭气状态下，这些或许是有好处的，因为人在海平面上。但是在海底深处，所有试图用药的举动相当于自杀。

目前还没有听说任何这类违规事件。由 AIDA（国际自由潜水发展协会）组织的反兴奋剂的控制在比赛期间没有披露出任何违规情况。最开始，是由 AIDA 单独监督的。FFESSM（法国水下研究及运动协会）不想听到谈论深海自由潜水，他们觉得深海自由潜水太危险，太违禁，太剧烈，受不了看着这些面色红润的潜水员自愿去体验由《碧海蓝天》而为大家熟知的那些极限感受。

FFESSM 倾向于继续专注于水肺潜水、潜水渔猎以及不超过 40 米的自由潜水等运动。

在 2002 年至 2003 年间，两个组织间形成了一种分工上的显著差别。FFESSM 开始对游泳表现出兴趣，而 AIDA 则继续专注于绝对纪录的打破，专注于那些向着咆哮的海底深渊前进的下潜。

如今，两个组织之间的关系时近时远。FFESSM 认可并且组织了越来越多次比赛，并且开始关注深海潜水了。总有一天我们会超越政治上的利益，共同为自由潜水的发展而努力的。

但是矛盾的是，我倒乐意他们将我们置于边缘的位置，不希望进入这个小心翼翼、对时代很封闭的协会的中心。这样我们可以享受很大的自由，为自己的行为负全责，我们制定自己的规则，不用求任何人，对任何人也没有义务。这够爽的了。

在水下飞翔

在水下 50 米附近，我处在一种自由落体的状态，这是非常嗨的时刻啊。我沿着绳索下落，不过别搞错，我可不是在一个无法出去的隧道中。

如果说，为了比赛成绩，我不得不经历这个过程，但是这也并不阻止我幻想着从中获得一些好处。运动的限制并不妨碍我体验这种欣喜若狂的感觉。

在水下 50 米附近，我体验到了一种绝对的自由，我觉得我就像是在水下飞翔一样，就像在空中飞翔一样，就像在降落伞打开之前的自由落体。我觉得我可以在水中移动，如同在空中一般。

当然了，在水下对速度的感觉不会像在天空中那么刺激，但是那种摆脱了地球引力的幸福感却更加真切了，因为下落得更加柔和，时间更长，毫无疑义体会也更加完全，不像在空中，感知的迅速变化以及快速适应的需要会增加快感，但是快感也可能会变为不适。

翼装飞行

在德法公共电视台（Arte）[①]的《轨迹》（*Tracks*）栏目中，有一天我看到了一个关于洛克·让·阿尔贝（Loïc Jean-Albert）的报道。在瑞士的韦尔比耶一侧，他于群山之中从直升飞机上

① 德法公共电视台 ARTE (Association relative à la télévision européenne)，是一个欧洲电视频道，主要播出文化艺术方面的节目。

5

一跃而下，他张开蝙蝠翅膀——他的翼装，那是一种超人穿的连体服，可以给他足够大的浮力令他在充满热气流的空中像鹰一样徐徐下落。他朝着悬崖飞去，随风而下，过了好几秒的时间到了距离岩壁 5 米的地方。

在挪威还存在着一些灵魂飞行者，他们活着就是为了这些不带什么装备飞翔的极限体验，就是为了变成峭壁间的鸟儿。

我非常受触动，我看着他们在空中翻着筋斗下落，自语道："我们在水下也应该做这个。"

我和弗朗索瓦·戈蒂埃（François Gautier）开始在水下飞翔了几次，带着脚蹼，身上坠着小配重，弗朗索瓦是自由潜水俱乐部的教练员同时也负责我深水训练的安全，又是我多年的老友。

5

我俩肩并肩一起飞行，就像一个空军中队。在几年的时间里这都成了我们的接头暗号。"一起走个中队？" 听到这句话就像打了一针肾上腺素，不过由于海水浮力的存在限制了我们的速度令这刺激有所减弱。一点点地我萌生了将这些海底飞行拍摄下来的念头。

迪恩蓝洞

位于巴哈马的迪恩蓝洞，是一个不会合拢的水下洞穴，是世界上最深的蓝洞之一。我们到了巴哈马长岛，这个岛屿的形状就像一个长长的舌头，长 130 千米，而宽最多只有 6 千米。

这个岛有阳光、沙滩、椰子树，像个无聊的"伊甸园"，4000

个岛上的永久居民分散地住在这里。信风吹拂着北回归线[1]。岛上定期会有些零零散散的游客到访，他们一般住在位于岛屿北部的岛上唯一的酒店“度假村”里，距离蓝洞比较远。另一个光顾这个岛屿的群体就是自由潜水员了，他们住的地方不像拿骚[2]或者巴哈马群岛的其他“财政收入天堂”那样，充斥着扛行李箱的搬运工和带着痞子气质的兜售免税品的小贩。

在克拉伦斯镇的西边，有一个天然的冰斗[3]，上面是石灰岩峭壁。这个独特的潟湖靠珊瑚屏障保护免受大西洋的侵袭，并且有完美的白沙滩作为点缀。几英寻[4]远处，有一个海水井，周边勾勒出海蓝色的轮廓。

迪恩蓝洞是世界上最深的蓝洞之一。这个令人愉快的大坑深达 202 米，而位于伯利兹的蓝洞（“他儿子”，哈）不超过 122 米。因此迪恩蓝洞成了举办自由潜水比赛的理想地点。威廉·特鲁布里奇选择每年在这里住 6 个月，并且每年都会在这里举办一场大型国际比赛：“Vertical Blue”。

在水面上蓝洞的周长是 30 来米，但是越往下，它口径就会越来越大，变成一个直径达 100 来米的洞穴。天然的水沟和管道使得海水可以进入蓝洞，这样里面的水就可以得到更新，不至于成为一个咸水库。

迪恩蓝洞并不是被浸没的火山口，是由于几千年前这里海平面上升，海水浸入到石灰岩洞中，洞顶塌陷，形成了如今这个壮观的烟气蒸腾的地方。

---

① 北回归线将巴哈马长岛一分为二。

② 巴哈马首都。

③ 冰斗是一种三面环以峭壁、呈半圆形剧场形状或圆椅状的洼地。

④ 约 1. 83 m。

在蓝洞中下落

2010 年 4 月，我来到迪恩蓝洞的边上准备参加一场比赛。

茱莉赶来和我会合，她是格雷戈里·科尔贝尔（Gregory Colbert）探险系列的水下模特。格雷戈里·科尔贝尔是一位非常受欢迎的摄影电影艺术家，他在很多国家的首都等大城市举办巡回艺术展。他用影片带有诗意地讲述人与动物的关系，无论是在海上还是在陆地上，无论是在亚洲还是在多米尼加共和国。茱莉可以有 15 天的休息时间，她来到了我身边。

一天晚上，我们在赫伯特·尼特奇家喝了一杯。他给我们看了他在密克罗尼西亚群岛拍摄的录像。我和茱莉互相看着，同时有了一种醍醐灌顶之感，我们两个内心深处一直渴望拍一个录像片。纪录片？还是科幻片？我们还没有真正想清楚。就是有一种艺术表达的需要，有些情绪在我们参加重要比赛时在更衣室换衣服的时候在心中闪过，偶尔令我们感动，然后就消失了，进入到我们没有实现的欲望的潜意识中；同时也是一种愿望，希望可以共同努力，一起玩，令我们短暂的一生留下一些存在过的痕迹，将我们作为运动员、舞者的多变的情绪，刻录下来留在一个永久的载体上。

尼特奇用一款既可以拍照又可以录像的佳能 5D MarkII 相机拍摄了他的小影片。相机 2500 欧元，水下防水罩 2000 欧元，还要加上镜头 1500 欧元。

我们也有同样的设备。一切皆有可能，没什么难的，走起！

在水下飞行的想法很久以来一直萦绕在我的心中。这个蓝洞则是一个理想的场景。我会先走几步然后纵身跃入这个无底洞中，巴哈马的这个地方正是以它闻名遐迩，蓝洞的周边有长着椰子树的海滩，方便组织各种自由潜水赛事。茱莉将为我拍摄视频。

准备好哦，一切都已经经过了深思熟虑！这绝对是一个关于行动的故事，不是说说，也不是幻想。

故事的情节其实并不复杂。第 1 幕：我在沙滩上走，然后走入海潮的蔚蓝中；第 2 幕：我抵达一片既吸引人又令人害怕的漆黑之中；第 3 幕：我犹豫，徘徊，有片刻的迟疑；第 4 幕：我纵身跳入虚空之中。

说干就干！

那是一个下午。当天上午我在比赛中还潜到水下 106 米呢。我没有午休，按照习惯，我进入水里，茱莉跟随我一起，手里攥着照相机。身为一名非常有天赋的自由潜水员，她立马就会明白将要发生什么，她应该待在哪个位置，以及如何解决一些困难。她知道如何灵活地同我步调一致，知道我下一步的动作，并且明白如何节省我们的体力和呼吸。我有两三个很有新意的并且考虑非常周全的想法，可以体现出自由潜水的精神，但是要实现它们，还需要茱莉可以克服技术方面的困难。结果一次就拍摄成功了，她准确无误地将我脑子中所构想的效果都拍了出来，真是神奇！

我们拍摄了《自由落体》的一组镜头。看着那些白色的小点儿，犹如幽灵一般，照亮海底深渊的黑夜，我们开心极了。这些小白点儿是我裸露的手掌和脚掌，而我穿着紧身橡胶潜水服的身体已经消融在水下的黑夜中了。

晚上，我们迅速地对录像做了剪辑，用的是苹果笔记本电脑中的业余软件：iMovie。我们还插了一段音乐进去：《感受你的存在》（*You Make Me Feel*），这首歌是我的手机播放列表里的。在拍摄之前，我就已经想好用这首曲子了。

我们感觉小有成就，做了一件和之前做过的所有事情都不同的事情，但是要把它做成一个令人满意的作品，这组镜头还差一个开头和一个结尾。

我们拍摄了我入水的镜头。我走着，一步一步地走着——我没有游泳，我们想消除所有与水相关的参照元素。重要的是要拍摄一部水下电影，但是却要尽量少用水的元素。

茱莉完美地拍摄了我一点点到达迪恩蓝洞的过程，在蓝洞面前，我双臂抱胸，心情复杂：有一点儿不肯向前又带着点儿沉思，焦躁的犹豫不决中夹杂着一种抑制不住的好奇。

我们还加进去了一段在海底深处的伪着陆镜头，是在一片沙子飞扬中拍摄的，影片中的我有几秒的不确定，左顾右盼。他会上升吗？还是会留在大洋的混沌之中？

然后，就是缓缓的向上攀升，非常流畅，如同在舞台上，我沿着绳索上升，绳索就相当于岩壁了。潜水和攀岩就好像是两个孪生兄弟一样，一个是下降、一个是上升；一个沿着岩壁滑动、一个赤手抓住绳索慢慢前进；一个冒着跌落的危险、一个选择自由落体……

后期制作

在视频剪辑基本完成之后，我们非常满意我们所做的事情，迫不及待地拿给我们的潜水小伙伴们看。在旅馆的走廊里，在巴哈马的出租房里，我们的录像《自由落体》引来了很多人的注意。

我和茱莉佯装着谦虚，说都有点儿后悔拍了，可是根本骗不了任何人，尤其是我们自己，听到别人说："太棒了！（真是令人难以置信呐！）""哇哇哇！""可是你们怎么做到的呢？"还有"这是我见过的最棒的潜水录像了！"时我们乐得嘴都合不上了。

我们高兴地唧唧喳喳说个不停，不厌其烦地一遍遍重复这件事情是怎么开始的，详细地给大家讲出发的位置，这个故事想要表达的哲理，略显干瘪的情节设计，还有添加开头和结尾的做法，我们的工作方法，以及对音乐的选择。

我们享受着小圈子内的认可，想着或许可以将它的影响范围扩大，因为网上有自由潜水运动的粉丝们，何不试试呢？因为有对海洋以及和自然相关的极限体验有兴趣的人们，但是我们万万没想到等待我们的会是那么巨大的点击量。

我迫不及待地想把"自由落体"的视频放到网上，在（YouTube）上分享。

茱莉比我更有专业精神，更注意视频的质量，她放缓了事情进展的速度。她确切地知道在拍摄的技术质量方面，我们差得还很远呢。她不停地说："得调整一下画面的色彩，让图像更稳定些。我们真应该把这个视频给热罗姆看一下，让他帮我们弄弄。他挺有两下子的，如此急急忙忙地，草率地挂到网上有点儿遗憾呢。"

从我们回到尼斯开始，我们的小伙伴，同时又是水下摄影师，制片人和导演的热罗姆·伊斯普拉就开始借助剪辑、校准的软件帮我们把一切都修正到最佳水平。他把两三个有点儿跳的镜头处理地更稳定些，令上面有些模糊的色彩更调和一些。他也对这个题材受关注的潜力感到吃惊。

传播

5 月 30 日，大概晚上 11 点钟，我把《自由落体》的视频放到了 YouTube 上面，又在我的脸书个人主页以及推特的主页上放了这个视频的链接，然后就完事了！

我们等待着。在几个小时的时间里，我们的朋友们发现了这个视频，给我们发来了很多祝贺的话，并且分享了这个链接。

视频在网上被疯传开来。《自由落体》在一天之内达到了 10 万的点击量。到第 10 天，我们在希腊的卡拉玛塔时，点击量达到 100 万，尽管还在比赛，我们还是允许自己喝了一杯香槟来庆祝。

赫芬顿邮报和雅虎网站发布了一篇题为“一名潜水员抵达蓝洞底部”的文章。兰斯·阿姆斯特朗（Lance Armstrong）在他的推特账号上转载了这篇文章，他可是有百万粉丝的大咖啊。他写道：“看这个视频，碉堡了。”第二天，点击量就从 100 万到了 250 万！我们都控制不住这“火速蔓延”之势了。

如今，点击量已经有 1500 万次了，并且还继续以每天 1 万的速度增长。

视频拍摄三年之后，我们还继续收到人们发来的各种表示感谢和祝贺的话。在每年一次的潜水展览会上，连续三天都有人逮住我们，拍拍我们的肩膀。人们非常友好，他们几乎是对过来向我们表示祝贺感到有些抱歉的，觉得我们肯定已经厌倦了所有这些纠缠不休的示好。不过一点儿都没有哦！永远都像是第一次的那种感觉，在巴哈马群岛上我的小伙伴们睁圆了眼睛，嘴张成“O”形，然后鼓掌的感觉。

看到那些观众眼中含着幸福我非常高兴，我也努力地感谢他们给予我的热情。

从《碧海蓝天》到《自由落体》

很难拿《自由落体》的影响同《碧海蓝天》相比较。吕克·贝松（Luc Besson）的电影是一部由非常有天赋的演员出演的电影长片，引发了人们对自由潜水以及该领域的英雄人物的兴趣。

而《自由落体》是一个视频短片，可以在网上看，没有脚本，由电影初学者都算不上的爱好者们拍摄而成。然而，和《碧海蓝天》一样，《自由落体》赢得了一批观众，俘获了超出自由潜水粉丝之外的一些人，并且继续吸引着无数以前从未关心过大海及其环境的人们。

在另外一种风格中，这个领域最感人也是最早的纪录片当然要数那部献给洛克·勒弗尔姆，在他去世 5 天之后在法德公共电视台（Arte）频道播出的纪录片：《通向深处之路》。这部片子拍得既美丽又病态，近乎谶言。你可以认为洛克宣布了他的死亡，画面那般模糊，他的话常常令人想起他与死亡的关系。

我看他躺在船上，脸上面无表情，死一般平静，两只手放在胸前，就像在棺材里一样，看上一眼，就让我感到不寒而栗。

纪录片中还有他 2004 年打破世界纪录的画面，他到达了

171 米深，然后……他再也没有上来。自由潜水运动员再也不会拍这种纪录片了。我不知道是出于迷信还是仅仅因为不去想最坏的情况，潜水地点不允许拍摄潜水员出事的纪录片。

起初，《自由落体》是在一片漆黑中结尾的，我消失在蓝洞这个怪物的肚子里。我们为了燃起一丝希望之光，摆脱萦绕在我们所闯入的蓝莹莹的水下墓穴中那种悲剧气氛，我们将结尾改为朝着我们的冒险而奔跑，紧紧拥抱我们的好运。

《自由落体》受到人们的喜爱也一定是因为这种“圆满的结局”，因为短片所传递的希望的信息，因为一种信念——相信你可能暂时被自我放弃的苍白的美丽所魅惑，然后狠狠地在充满消沉气息的池底踢上一脚，一点点向高处升起。

关于图像的问题，我不只拘泥于我自己的领域。作为参考，我看了《BBC 行星地球系列》。在这十集纪录片中，BBC 用各种方法不仅将海洋搬上荧屏，还有森林、沙漠、平原、丛林、冰川，当然还有动植物和它们生长的环境之间的相互影响。这是向天外来客介绍地球超乎寻常的多样性的最美的名片。我非常爱我们这个星球，爱她的美丽，我不愿意将我自己限制在自由潜水的领域。

起初，我不怎么懂电影。我喜欢瑞恩·高斯林主演的《亡命驾驶》，因为情节充满张力，每个镜头的画面都很美；喜欢《贫民窟的百万富翁》是因为剧情有新意；喜欢《梦之安魂曲》是因为它完美的摄制；喜欢《穆赫兰道》是因为欣赏导演大卫·林奇的才华。

幻想题材总是令我兴奋，不管是文学还是电影。说到文学，就不能不说奥威尔的《1984》。由《贫民窟的百万富翁》的导演丹尼·博伊尔执导的《太阳浩劫》讲述了一个太空飞船在去挽救太阳的路上逐渐消逝的故事，包含了对人性的谴责。我还喜欢詹姆斯·卡梅隆执导的《深渊》，喜欢里面新世界的想法和对新的星球的寻找。

多亏了茱莉，我自此以后可以用新的视角看电影了，我可以分辨出不同的镜头和摄影机的移动。

茱莉和我已经在一些短片中担任了水下特技的替身演员，还以替身演员的身份参演了一部电影叫《我们为什么不唱歌》，将在戛纳电影节上放映。茱莉甚至还差点在电影《云图》中担任哈利·贝瑞的替身，拍摄水下场景。

在拍摄完《自由落体》之后，导演迈克·卡希尔和我们联系，他曾执导过的电影《另一个地球》在圣丹斯电影节获评审团大奖。他有一个电影的拍摄计划，将会需要一个具备我这样的自由潜水能力的人来演其中的一个主要人物。这个事情还没有定下来，不过如果有可能的话，我绝对不会放过这样一个从不同于比赛的角度来认识我的潜水世界的机会的，如果他让我演，我会停下一切工作，立马飞到加利福尼亚去经历这场探险的，全家一起去。

广告业务

令我们更为吃惊的是：很快，非常快，各种商业合作纷至沓来，还有各种财务提案也大量涌入。它们令我们陷入非常为难的处境，我们不知道如何定价。我们没什么钱，也不太了解这些形形色色的人，但是我们非常清楚最好不要太随便地应对这一切，不要带着一种不切实际的业余态度。

我非常高兴能够从事自由潜水这项运动，但是这不是一个可以收入很多钱的活动，这还是委婉地说法。我希望我可以把对潜水的热情一直保持下去，我希望可以将所有的精力都奉献给它。然后，我就 28 岁了，我不再是当年的小鲜肉，我也应该考虑一下未来了。

茱莉的情况也差不多。《自由落体》的拍摄证明了她做电影摄影师的能力以及做电影导演的天赋。她曾经是个舞蹈演员，水下模特，但是通过拍摄《自由落体》，她又上升到了一个新的高度。这令她相信自己的才能和天赋。没有《自由下落》，她想都不会想到会开始《氮醉》的拍摄计划，《氮醉》是一部比《自由落体》更有抱负，情节设计更加细致的电影短片。所以，当机会涌来时，我们做出了回应，尽我们所能……

1）芬兰歌手塔雅·图仑尼想从《自由落体》中剪下 2 分钟的视频放到她的一个短片中。我们清楚地知道 1 分钟 archives 视频的转让费是 1500 欧元，我们乘以 5，就提出每分钟 7500 欧元，最后划价到 6000 欧元，这样 2 分钟就是 12000 欧元。

2）韩国的现代汽车公司想买 30 秒的视频用于在韩国的广告中。我们凌乱了！这怎么谈？依据什么价目标准？在第一次接触中，我试着提出 30 秒 7000 欧元。这比一般短片的价格贵 2 倍呢，我感觉自己处理得很不错。

当天晚上，我像个对现状很满意的唯利是图的商人一样沾沾自喜。可到了半夜，茱莉叫醒我，摇晃着我的身体，一遍遍地说，这个报价很蠢。我们错过了一大笔钱，我们完全没有给我们的才能报一个合理的价格。早晨，她带着大大的黑眼圈，跟我说：——“给他们打电话，就说你考虑了一下，报价：85000

欧元。”——“你疯了吗？他们会觉得我是傻瓜的。再说了，你从哪儿弄来的 85000 欧元的报价？”

我们的中间人拉着脸子，说这绝对行不通。为了碰碰运气，我坚持着，装作很有底气的样子。出乎意料的是，韩国人竟然接受了这个价格，更棒的是，广告将只在韩国电视上播出。这样就避免了过分地使用画面而让画面失去新鲜感。

3）一个男士化妆品品牌。如果单单凭我的自由潜水成绩，那么还不足以使我被选为头号男士化妆品的代言人，将我的脸印在所有润肤乳的瓶子上。《自由落体》艺术的一面将自由潜水的王牌打了出来，也就是说，自由潜水不限于体育方面的成绩，它还是一种户外生活方式，一个和环境和谐相处充满象征意义的诗意世界，一个将征服极限与灵修、自我反思、个人发展相结合的领域。一个自由潜水员同时又是宇航员、瑜伽修行者、运动员、哲学家。

因为签了这个合同，我得以发现了市场营销的世界，了解了写真，并且和玛莉莲经纪公司签约，从此由它代表我处理事情。

很长时间以来，我都嘲笑那些其他参赛者用护肤品。我曾经嘲笑洛克，这位非常注重自然、环保的嬉皮士竟然也用护肤品。他回应说，“别嘚嘚了，我这是懂得保养自己。等你到了 30 岁再看看。”

我必须承认，如今，我在比较脏的水域潜水之后也会补水，为了避免脸上起皮、变红，像个海盗似的。这些都发生在拿到 60000 欧元的广告代言费之前。真的，真的，我向你们保证。

成功以及不可避免的误会

长期以来，水下题材的电影不外乎两种形式：一种是纪录片，歌颂海底深处的美丽，并给出其生物、生态以及科学上的各种情况介绍；或者另一种就是讲述一次比赛或者一次探险，给出成绩情况。

《自由落体》给这个很难去描绘的世界注入了诗意和非同寻常感。我们想在观众的头脑中引发一些混乱。《自由落体》的主人公不是一个自由潜水员，他行走、前进、迟疑、跳起、下落、着陆、然后他上浮，抽身离开，再次回到水面。

为了增加困惑感，让人感到更加的不知所措，我们还将环境进行混合处理，使人感到不知身在何处，不知哪里是土，哪里是水，谁在上升，谁在下落，谁在走路，谁在游泳。空气和水融为一体，陆地和海洋从眼前消失，然后又以更好的样子再次出现，混在一起。

尤其是，人们真的相信了，在没有电影特技处理的情况下，我下落到蓝洞的底部，然后我上来了，不用脚蹼，不用绳索，我下潜到海平面下 200 米处，然后我稳稳当当地回来了，就像在韦尔东大峡谷沿着山路爬上来一样。

我们当时想这部小电影只会在水下电影爱好者中流传，而这些人很清楚它是什么，电影里哪部分是可能的，哪部分是不可能的。

但是不想它却广泛传播，征服了广大公众，而很多人是不会潜水的，看了电影以后，他们因对地理现实情况的不了解而感到迷惑。所以，对于想听的人，我都会一遍又一遍地重复一句话：“《自由落体》是一部艺术的，诗意的电影，是科幻。我没有触到蓝洞的底部。”

正如让端木松（Jean d’Ormesson）所言：“在这个无限的世界上，只有两种方法可以用来试着了解它：艺术和科学。”

特别要说的是，《自由落体》这部影片中真正的主角是蓝洞。它的象征性，它的引力，从中孕育而出的生命以及最终回归于它的死亡。这个“洞”是曾经孕育我们的子宫；是我们终会被埋葬其中的坟墓。我们需要面对“洞”中的黑暗才能更好地从中逃离；我们碰触到它的底部，再慢慢地抽身，缓缓地重获阳光。

鉴于蓝洞空间狭小，光很少能透进来，很快我们就被一片漆黑所包裹，根本无法缓解我们心中油然升起的焦躁。我们仿佛置身于银河系的中心。我们还感觉到仿佛置身于母亲的子宫中，不受残酷的袭击，连接上下的尼龙绳是脐带，而这条垂直而下绷得紧紧的绳，又如小提琴的琴弦。

6

探索（水下 100 米）

挑战数字 100

在十进制中著名的数字 100 在运动领域被神化了。很长时间以来到达水下 100 米是自由潜水员心中的“圣杯”。而曾经非常重要的是，世上哪一个人可以第一个在恒重情况下下潜到水下 100 米，那就像在百米赛跑领域，尤塞恩 · 博尔特是跑得最快的一样。

委内瑞拉的卡洛斯 · 科斯帝（Carlos Coste）于 2004 年成为第一个正式下潜到 100 米的潜水员。我突破 100 米大关，是 2005 年在自由城。我不知道为什么，但是我一直盯着这个我渴望突破的数字。克罗德 · 沙布对这一切感到厌倦，他冲我喊：“你只要像英国人一样以英尺为单位计量深度就可以了，潜到 100 英尺，这样你就不会老是纠结在 100 米上，烦死人了……”

那天，就像是在举办一个什么仪式庆典一样，他们都在那儿欢迎我，为我松了一口气。弗朗索瓦 · 戈蒂埃则尽力吹捧着我，他们比我更清楚这不过是一个阶段，我不会在依然坚信自己的潜力的情况下半途而废。

潜水的世界是一个需要为自己负责的世界。一次挑战成功与否是由事先宣布要尝试的深度所决定的，它是成功的关键。你需要知道你能做到什么程度，然后有力地大声地把它喊出来，然后证明你确实可以达到这个深度。

这是深海潜水所具有的独特性，在这点上只有跳高和撑杆跳与它相同。在宣布你要挑战的深度之时，你就暴露了，赤裸裸地暴露，供他人去评论、批判和评价了。这个宣布，即便在公布于众之前，也是你对自己，在他人面前许下的诺言，应该去兑现。宣布本身对心理的影响是巨大的，并且随后对情绪的管理往往会决定一次潜水挑战的成败。

就以撑杆跳和其无法回避的 6 米高度为例。越过这个高度，就使得悬在空中的这位运动员进入传奇的行列。有多少人都越过了 5.9 米甚至 5.95 米，甚至还能高出 20 厘米，然后却一如既往地撞到 6 米这块玻璃天花板。

在自由潜水中，要想取得最高分，就要努力实现宣布的挑战深度。在比赛中，如果我在距离宣布的深度还有 2 米的地方停了下来，那么我要被扣分的。

如果我宣布要挑战法国的全国纪录或者世界纪录，那么当且仅当我实现了所宣布的深度，再次回到水面，才算数。以从水下带回的标志牌为证。

如果一个运动员宣布将下潜至水下 130 米，而他在距离目标深度 1 米处停了下来，那么他只能算是到了 129 米处，不可以因此算创立世界纪录。

在训练中，我们就培养一种成功的活力，将实现所宣布的高度视为首要目标。

训练中每次报下潜深度都是和比赛中一样谨慎小心的。

理想的情况就是比较了解你的人帮你报一个深度，并且知道你可以完成这个深度，但是不要说出来。你呢，就等着出来的时候不好意思地看着他们在那儿拿着香槟，纪念标语，欢呼，拍着手夹道欢迎你吧。

我一度有这种在不知道目标深度的情况下试试的想法，在和其他潜水员们在咖啡馆聊天的时候，我也经常提起这个想法。我决定将这个想法变为现实。2014 年的夏天，我计划进行四周的渐进式训练，按照每周 3~4 次深潜的频率，最后尝试打破一个纪录或者参加一个比赛。

这种潜水方式的新奇之处就是，任何时候我都不知道要挑战的深度以及实现的深度。作为分析因素，我只知道我自己的情绪。一组三个人会决定我要挑战的深度，但是不会跟我说准确的情况。还从来没有人这么做过，我将这次冒险视为一种科学的心理体验，不仅仅是一次体育成就。

完全不去理会什么数字（数字在我们注重结果的文化中无处不在），是再次与这项活动的本质取得连结。这项活动的本质不过是倾听自己的身体，控制自己的精神。这是一种回归本源，就像那时克罗德不希望我戴表或者测深器，这样我就不会时时看所到达的深度而可以专心于潜水了。

我已经选择了“三博士”①，我将成为他们的“小白鼠”，在他们的手中我将放弃所有关于数字的考虑，他们分别是：弗

① 借用《圣经》出生时有东方三博士前去探望之典故，其中博士指有学问之人，不同于现在的博士学位——译者注。

朗索瓦·戈蒂埃（François Gautier），克里斯多夫·里昂纳尔（Christophe Lyonnard），摩根·博尔伊斯（Morgan Bourc'his）。

弗朗索瓦·戈蒂埃是负责技术安全的。每次训练他都在场。在我以 109 米和 113 米的成绩创世界纪录的时候他都是负责安全的。他像老渔民一样，很了解大海及其反复无常。他对精确的要求近乎病态。在我潜向海底深渊时，我绝对信赖他。

克里斯多夫·里昂纳尔做我的健身教练已经有两年了。他更是我的顾问，我的安全小组的成员，我超过十年的好友。在我 2002 年以 87 米的深度第一次刷新世界纪录的时候他就陪在我身边。他是我的知心朋友，非常懂我。

摩根·博尔伊斯是恒重无蹼项目世界冠军，曾以 89 米的深度打破法国的潜水纪录，并且从 2006 年开始就是国家队成员。我们共同参加过七次世界锦标赛，还有最近的一次“垂直蔚蓝”（VB）挑战赛（2012 年，成绩是 123 米）。他是一个值得信赖的朋友，是最了解我的自由潜水运动员。我们从不吝啬为彼此提出建议。

他们三个将决定我的命运。我把我的小命放在他们手中了。

我随后会讲述这段经历，尽量跟更多的人尤其是对这次探险非常感兴趣的运动界同仁们分享。我想和心理方面以及赛前精神准备的专家合作来分析结果。

诺言和责任

自由潜水遵循着差不多同登山运动员或者航海者同样的逻辑。由他来决定是不是出发，由他估计自己是否可以做到，要有意识地独立承担风险，不能由其他人来承担；同样也是由他自己决定在发生危险之前折返，因为没有强大的救援系统及时去营救他。

无论是在大海还是在高山，这种最初的精神，这种高度负责的精神已经不那么流行了。由于有了 GPS，海底拖轮，或者高海拔直升机可以来营救那些海上遇难的，或者被困在悬崖峭壁上的人们。这对于人的生命来说是好事儿，可对自由精神来说可是坏事儿。

潜水中也是一样，在 AIDA 的推动之下保护的意识有所发展，开始注意尽量不要损害人的生命，让这活动本身不要那么戏剧化。如果说在潜水过程中有四分之三的时间没有人会拉着你的手，那么在最后几米处，两名负责安全的潜水员会等在那里防备你出现晕厥。

干预的困难一则由于这项活动持续的时间非常短——2 分钟下落，1.5 分钟上升；二则因为所有突发事件都是极为严重的。在水下，不可能像在遇难的船只上或是在山峰北坡寒冷的狭窄台地上那样耐心地等待救援。我们更像是盘旋下降的低空跳伞运动员，他们需要及时打开降落伞才不会摔得粉身碎骨。

6

迟到的旅行

小时候，我不怎么出去旅行。每年的夏天都是普罗旺斯德龙省的布维埃老家，在乡下和村子里的熊孩子们一起度过的。环境倒是挺好，但是接触不到什么新鲜的事物。

10 岁的时候，刚刚读完《八十天环游地球》，我就萌生了徒步周游世界的想法。我计划很有条理、很精确地做记录，规划每天的进展。然后，这个环游世界的计划变成了从尼斯到符拉迪沃斯托克[1]，全程都是步行。我在一张地图上画好了路线，想象着在当地人家里借宿，想象着我将走的小路。从此之后，每次我开车行驶在高速公路上向东走，迎着冉冉升起的太阳，我的脑海中就会浮现出这个没有实现的孩时的梦想，这是一个与追求狂热的夜晚的牛仔梦相反的，追求宁静的清晨的另一种牛仔梦。年轻人，向东走吧……

丁丁历险记

青少年时期，我读儒勒·凡尔纳的书，比如《从地球到月球》,《八十天环游地球》，但是我不读《海底两万里》，我害怕我自己的偏执。

埃尔热[2]

《丁丁历险记》的画册？我每本都读了有 30 遍。是的，是的，我知道,《丁丁历险记》，非常简单，都不用讲故事梗概，好人与坏人对决，每次都是好人胜，没有人性中的表里不一，没有内心的情绪矛盾，也没有判断的不确定性。

多亏了丁丁，从 8 岁到 13 岁，我每年在德龙老家过暑假时，给自己勾勒出一幅生动的地图。我游历了中东、印度、中国以及前南斯拉夫。

我征服了月球，发现了宝藏，我同时了解了历史、地理以

① 位于亚欧大陆东面，阿穆尔半岛最南端。

②《丁丁历险记》是比利时画家埃尔热的著名系列漫画作品。

及经济学。这真是一种幸福啊，我希望把这份愉快带给未来的孩子们，带领他们像乌兰斯匹格[1]一样去看水下的世界，让他们开心而自信地享受那种陌生感消失之后这些世界的美丽。

里奥（Leo）

《金牛座 α 星的世界》（*Les Mondes d'Aldébaran*）是一部科幻连环画，由里奥（Leo）编写绘画而成。它是一部真正的科幻作品，共三部，每一部都是对一个新的星球的开拓。地球上的生存条件每况愈下，科技的发展使得人们可以考虑到非常远的太阳系以外的行星上去：金牛座 α 星（Aldébaran），猎户座 α 星（Bételgeuse）以及天蝎座 α 星（Antarès）。

地球和金牛座 α 星的联系一百年前就断了，他们发现人类在金牛座 α 星上以另外一种生命形式创造了一种文明，特别值得一提的是，他们创造了一种深海生物，叫做 mantrisse，具有很高的智力。

这种具有人文主义色彩的小故事让人真正地去思考人在宇宙中的位置，他与环境的关系以及他的组织形式。

这一系列连环画是对探索以及发现新的领土的赞颂。我真希望自己可以是其中的一员，可以去征服另外一个星球啊，我想象着参与到这样的探险中。我们的时代因它在科技方面取得的成绩而非常伟大，从现在开始到我老去，如果科学不摧毁人类，那么它将会掌握低温活体保存技术，令人类在时空中走得更远。

① 法国 1956 年上映的冒险题材喜剧《乌兰斯匹格传奇》中的主人公。

伟大的探险家们

如果我不是我自己的话，我想是克里斯多夫·哥伦布（Christophe Colomb），麦哲伦（Magellan），贝尔纳·莫蒂斯耶[1]（Bernard Moitessier），埃里克·塔巴里[2]（Éric Tabarly）或者沃尔特·博纳蒂[3]（Walter Bonatti），埃德蒙·希拉里[4]（Edmund Hillary），帕特里克·埃德灵戈[5]（Patrick Edlinger）或者当然了，如果是尤里·加加林（Youri Gagarine），尼尔·阿姆斯特朗（Neil Armstrong），让-卢·克雷蒂安（Jean-Loup Chrétien），让-弗朗索瓦·科勒尔弗[6]（Jean-François Clervo）也不错。再或者也可以做一个极限滑雪运动员，低空跳伞（用降落伞），低空跳伞（翼装），或者悬崖跳伞者。或者做库斯托将军[7]，尼古拉斯·于洛（Nicolas Hulot），以及将世界的美丽和探险的力量搬上银幕的导演们。

---

① 贝尔纳·莫蒂斯耶法国出生，于越南长大，是一名水手。1968 年参加“星期天泰晤士报金球环航赛”（Sunday Times Golden Globe Race），第一届环游世界的快艇比赛。他的环球航行速度最快，本来很有可能取胜，但是他选择继续驶向大溪地，而没有回到出发点英国，以此来抵制将远程航海商业化的行为。

② 埃里克·塔巴里(1931.6.24 – 1998.6.12)，法国海军官员，航海家。

③ 沃尔特·博纳蒂，意大利登山家，探险家，记者。

④ 埃德蒙·希拉里 (1919.7.20– 2008.1.11)，新西兰登山家，探险家，慈善家。

⑤ 帕特里克·埃德灵戈 (1960.6.15 – 2012.11.16)，法国职业自由登山员。

⑥ 让-弗朗索瓦·科勒尔弗，出生于 1958 年 11 月 9 日，法国工程师，欧洲空间站(ESA)的宇航员，和美国国家航天航空局执行过三次太空任务。

⑦ 雅克-伊夫·库斯托(法语：Jacques-Yves Cousteau，1910 年 6 月 11 日生于圣安德烈-德屈布扎克，1997 年 6 月 25 日逝世于巴黎），法国海军军官、探险家、生态学家、电影制片人、摄影家、作家、海洋及海洋生物研究者，法兰西学院院士。1943 年，库斯托与埃米尔·加尼昂共同发明了水肺。

我挺纠结的，你们想必也是。在我们的心中，对未知的恐惧和挑战本身的魅力冲突着。我感觉有点儿像波德莱尔说的：“到处，人类忍受着对神秘的恐惧，只用一只颤抖的眼睛向上看着……”然后，在同样的动作中，你不再对这种神秘有所惧怕，不再在盯着它的时候颤抖了。

总有一天，那些伟大的探险家们会决定出发。他们觉得世界是平的，但是他们还是出发了，尽管是绕着世界走了一圈；他们知道征服一座山峰没什么用，但是他们就是喜欢挑战不可能；他们认为地球上的人类是银河系唯一的生命，但是他们还是会去很远很远的地方，哪怕只为发现确实如此。

就自由潜水而言，令我感兴趣的也并不是运动上的挑战性，而是想到认知的边界去看看能不能有新的发现。令我兴奋的是，第一次下潜到海洋深处而又浮出了水面，那时候我意识到在我的下面只有黑暗，可我依然想去看看。

我想继续训练以重温刚刚开始潜水的那个时刻，没有团队，不带绳索，只有两名负责安全的自由潜水员和我们无忧无虑的心态。我几乎是处于一种盲目的状态，无比自由，我消失在一片朦胧之中，然后就到达了底部。为了有个证据，我还抓了把沙子上来。

这把沙子成了刚刚经历过黑暗之后的一缕阳光。作为一名探险者，就是这样的，去海底抓一把沙子。知道这些会从我们的手指间漏走的沙子中，蕴含着人性中对发现的渴望：人人都可以去探险，只要他愿意去面对黑暗，敢于冒险，接受失败并且不在乎成功。

班达米尔湖[1]

那年我21岁。“9·11”事件之后两年，我动身去我人生中的第一个非西方国家：阿富汗。我们应该是塔利班政权倒台之后来到这里的第一批游客。

身为《观点》（*le Point*）杂志的记者以及阿尔贝伦敦奖得主的奥利维尔·韦伯（Olivier Weber）组织了一次从巴黎到喀布尔的旅行，旨在重建同这个伟大的国家之间困难的关系。同行的人中有历史学家、地理学家、科学家，有点像启蒙运动时期的探险。重要的是列出一个文化地点的清单，以便为联合国教科文组织建立的世界遗产做分类之用。

和洛克一起，我们组织了一个项目——去班达米尔湖潜水并且拍摄一部相关的纪录片。

这个项目以极少的经费匆匆地就启动了。我们大概打听了一下当地的地理情况，我们没有剧本，没有剧组，这将是一部自己制作，自费拍摄的电影。我们只有一部摄影机，大家轮流使用。此刻就是充分利用手里仅有资源，然后奉行“看看会怎么样”“在人生中不要太担心”的原则的时候了。

有三条大路可以穿过阿富汗然后再返回首都喀布尔。南边的那条路线，途径坎大哈，是塔利班政权所在地，是禁止通行的；北边的路线，途径马扎沙里夫，由普什图族控制，一路风景没有多大变化；而中间的路线，是广袤的高原，路上可以看到贾姆尖塔，途径巴米扬，可以看到被塔利班摧毁的著名的巴

① 班达米尔湖（Lake Band-e-Amir），又称阿富汗圣湖，中亚地区著名旅游景点，位于阿富汗中部巴米扬省的班达拉米亚国家公园内。

米扬大佛。这条路线也是贩卖鸦片之路，一路上有很多湖泊。

班达米尔湖位于海拔 3000 米，水质清澈冰冷，湖里的动植物非常稀少。当地人将这里视为非常危险的地方，认为里面住着怪物，并且深不可测——我们测量了一下，最多只有 43 米深。

对于阿富汗人而言，这里是个神秘的地方。想要怀孕的女人会来到这里朝圣，她们会许个愿，然后穿着衣服浸入到湖水中，当然穿的不是有保温作用的潜水服，男人们用绳子拉着她们走向湖边，就好像放牛郎用套索牵着他们的牲口。

我们设法找到一些村民，让他们讲讲这个湖，当地的习俗，以及它们的重要意义，很快，他们就同意了，我们受到了国王般的礼遇。

路上，我们从途经的村子里的军械师那里买了一个铅弹作为压载铁用，我们还买了一些木板，卡车的内胎，一段绳子，这样我们就有了一个装备很好的木筏子可以在湖里的深水探险了。

这次探险完成了一部电影：《蓝色的阿富汗》。我们用了好几个月才拍完，开始的时候什么都不充足，如经验不足、人手不足、资金不足等等，对我们有些影响，不过我初次接触到了真正的电影拍摄以及蒙太奇技术，这些都给我留下了独特的记忆。

这次远行令我和洛克的关系更紧密了，他当时 33 岁。在此之前，我们的关系仅限于运动领域。我们第一次会面是我 16 岁的时候。

我和于连一起远远地看着洛克挑战水下 118 米的法国国家自由潜水纪录。当时是 12 月，天气很冷，海里到处都是水母。

潜水之后，他让我上了他的雪铁龙 2CV 轿车。他很放松，愉快而充满好奇心，我则有点儿慌乱。这次单独相处只有 15 分钟，但是我却依然记忆犹新。我们没有时间谈什么重要的事情，他说起自由潜水，纪录以及他的成绩。我因为拘谨的原因，表现非常内向，不怎么讲话，这么近距离地同我所倾慕的人相处令我非常窘迫。事实证明，去接触年轻人，接触那些愿意追随你的职业理想的年轻人是非常重要的，拿出时间跟他们聊聊天是很重要的，哪怕就是为了打发无聊，这或许会间接地在这些年轻人心中激发起一种使命感。

直到到了阿富汗，我们的关系才真正近了。我们一起在更衣室换衣服，互相给一些小建议，对方听不听也无所谓，在这份友谊中我们保持彼此的个性，并担任彼此的救生员。

在阿富汗，我们在困境中关系变得更亲密了。我们随遇而安，互相促进，互相支持。然后我们的关系发展到交流体育以外，自由潜水以外的话题，甚至一起谈论极简主义的连环画。

水下世界

有一个陆地上的世界，那是一个存在经济和财政的现实世界，一个符合牛顿定律的世界，那里生活着我的父母、妻儿，那是你浮出水面所见到的世界，是你被人从水中救起后返回到的世界，它是大多数陆地上的人所知道并且仅仅知道的唯一的世界。

还有一个太空世界，我们对它知之甚少，并且这个世界也是我希望有一天可以乘坐着未来的太空飞船去发现的世界。

然后就是水下的世界了。自由潜水让我有机会遇见了这个世界，并且我希望可以和更多的人分享这个世界的情况。

这个世界不是经典的异域风情里描述的那些陈词滥调：生长着椰子树的海滩，珊瑚礁，不可胜数的鲶鱼，柔软的海藻，会喷水又下潜很深的鲸鱼，无赖一般的鲨鱼。

我想带着大家走进天然的伊思城[1]，走入这些地质废墟之中，这里不需要建路障来弄得跟其他水下村庄一样；我想带大家去你都不知道在水上还是在水下的奇妙的地方；去那些植物和海水相互渗透的地方，那里淡水和咸水调和成不断变化的“鸡尾酒”，植物和动物互相可以从彼此体内穿过……以此来改变人们的看法和认识。

天坑

天坑是指水下的地道和峡谷组成的网络，河流和海峡在此混合。在尤卡坦的森林中，丛林低矮，没有亚马孙雨林那么丰富，没有那么枝繁叶茂。在尤卡坦，地是完全平的，只是时不时地冒出一些水坑，小湖，或者轮廓不规则的池塘，它们一会儿消失在地下，一会儿又在另一个地方出现，它们彼此相通，最后汇入加勒比海中。

那些照片报道令我对这个不可思议的地方心驰神往，我梦想着去那里。罗曼恩·杜索（Romain Dussaulx）和丹尼斯·拉格朗奇（Denis Lagrange）是两位纪录片导演，他们建议我去那儿，到那儿潜水。我无法拒绝。然后就拍摄了名为《穿越世界》

① http://www.bretagne.com/fr/culture_bretonne/contes_et_legendes/ville_d_ys

的电影，在塔拉萨（Thalassa）[①]上有报道。

茱莉因为我答应了此事而埋怨我。她也已经写了在天坑中拍摄的场景和计划，和他们如出一辙。她感到自己被骗了。我自己一方面想去，另一方面又不想违拗我女儿的妈咪，内心十分纠结。

我崩溃了。她埋怨着我，一副很厌倦的样子。

茱莉一般来说是喜欢冒险，在钱上比较孤注一掷，不害怕失败。

我则更加谨慎，不太会盲目投资，我非常节俭，不喜欢乱花钱，天生就不不是一个资本冒险主义者。

如果我当时有勇气把从《自由落体》赚来的钱投资进行一次墨西哥之旅的话，我俩就可以一起拍摄在天坑里的这些图片。不过如今，我只能拍一个都不能算做是我的故事的故事。但是，我真的特别想去看看。

丹尼斯·拉格朗奇，这个项目的发起人，将会拍摄一些非比寻常的美丽的水下照片。

地质学假说

关于天坑的形成有好几种假说。

最吸引人的一种假说认为这些天坑始于恐龙生活的时代，也就是 6500 万年前。一颗陨星落在地球上，造成了很大的冲击，在地球的周围形成了巨大的由粉尘构成的云，没有阳光，地球

① 一本有关海洋的杂志。

受到了非常大的伤害，80%的生物都消失了，其中包括恐龙。那颗陨星应该是落在了尤卡坦的一个隐蔽的角落，冲击波在地面上砸出一个坑，土壤变得很脆弱，这样河流和海水在此相汇了。毫无疑问，这是最令我兴奋的一个解释。

最被大家所接受的假说是将天坑的形成分为两种。玛雅河的天坑形成应该是同陨星有关系，而偏南边的天坑则没有体现出同样的起源。

最后说说最近提出的假说，它认为天坑仅仅是由位于洞穴和河流组成的地下网络之上的石灰石地壳消融、坍塌所导致的。

在淡水和咸水之间

我有一种永恒的追求，它不断地吸引我带着好奇心到世界各地去，牵制着我与生俱来的不满足。

我总是想沉浸在一个能让我感到失重但是又不会感觉是在水里的环境中。我梦想着在水中的时候可以就像在空气中一般。为此，就需要有一种水晶般透明的水，没有颜色，没有味道，没有气味，至少水得像空气一样没有颜色，才能给你这种幻觉。

我追求这种幻觉，幻想在重水中下落，就仿佛是在天空中失重那种感觉，在水中飞翔就如同航天员在空中游泳一般。

天坑中的水是一种绝对透明状态的水，就像阿尔克的水晶酒杯一样。

在这里，通常有关海洋的描述都不适用了。这里没有浮游生物，没有流动的沙子，没有到访的鱼儿，没有珊瑚，没有海洋植物，当然更没有海豚和鲨鱼了。

只有一片片盛开的睡莲浮在水面上，还有一只小鳄鱼，可怜巴巴地，睡在远处。

因此，在天坑中，可见度很高。在海里这种情况比较少见，因为总是有雾使得水中的景色变得模糊，有风会干扰你的视野，还有视觉效果也会影响到你的感知。

在天坑中，你就是处在一个矿物岩洞的世界中，甚至还可以见到钟乳石。

盐跃层

在尤卡坦的中心是一个叫做 Angelita，意为小天使的洞穴。这是一个让人产生一种从未有过的感觉的洞穴，掩映在一片稀疏的灌木丛中。

在 Angelita，你会得到一个印象，那就是一切乱糟糟的，有点儿像将水、油和牛奶混合，它们却无法相溶，并且根据各自的密度在分层中占据不同的位置。

在天坑中，你可以在不同的深度看到不同的层。上面是淡水层，纯净、透明。然后是盐跃层，这一层含有二氧化硫，具有腐蚀性，可以腐蚀潜水服，所以从水中出来之后，潜水服有股臭味儿。再下面，是海水。

在小天使洞穴中，分层还会有些不同，尽管各层的位置也遵循着经典的顺序，从上到下：淡水层、盐跃层和咸水层。

开始下潜的最初 10 米，视野还有点儿浑浊，这在天坑中是不常见的。再往下，水变得很清，但是非常黑，轮廓可以看清楚，但是四周弥漫着一种阴森的气氛。想象力丰富的人，比如我，会突然感到很害怕。

然后，在水下 30 米附近，我就到了含有二氧化硫的水层，这一层还含有氢硫酸盐，也就是盐跃层，是由水下植物腐烂形成的。

这里就形成了一个魔鬼的漩涡，一条水下河流，一个靡菲斯特般的仙境，你可以听到咕噜咕噜的声音，水里冒着泡，就像是一杯饮料，有毒的气泡发出爆裂的声音。可是，你猜，从这个冒着气泡的稠液中产生了什么？产生了一个水下森林，由断裂的树枝，正在腐烂的树干和成堆成堆的腐烂的树叶组成的水下森林。

这个由邪恶的力量催生的小山丘高过盐跃层，形成了一个水下小岛，上面如果再有一个玛雅神庙，就全齐了。景色非常奇特，是这里我见过的最漂亮的水下风景。我入了迷，一遍又一遍地潜到这里来，就是为了享受这个不可思议的地方所提供的别致的景色。

更加超乎寻常的是，你可以像担任这个水下森林的护林员一样攀登这个植物构成的小山丘。我在铺满枯叶和树干的土壤上散步，手腕上固定着灯，就像是一个森林中迷路的行者。

7

和谐相处（100 米以下）

不要抗争

我们能到达水下 100 米以下的人不多。这个区域是非常特殊的地方，在这里我们的身体会受到非常大的压力。

进入这个“禁地”的秘诀就是和环境保持和谐，打开一扇门，换一个看待问题的视角。

要摆脱陆地反射。肌肉用力鼓起来以期抵御周围的压力是战术上的错误，会导致非常严重的机体损伤。

所有试图控制的努力都是没有意义的，恰恰相反，应该顺其自然。

在水下 100 米，压力非常大。在陆地上的自然反射是要克服的，在这个深度，如果你很用力，就会面临受伤、引发水肿、肺泡破裂以及看到血液回流的危险。

你需要进入一种接受的逻辑来应对现场的情况。因为人的生理是非常了不起的，在水下 100 米，你会被压得厉害，但是不会被压碎……

如果你可以放松神经，而不是像班长要求非常疲惫的士兵强打精神一样对待你的身体，你就不会将此时的压力视为痛苦了。

要想进入这个世界并且被它接受，你需要顺其自然。

阳光消溶在这无边的水域中，取而代之的是一种和缓的昏暗，所有的一切都集中到一个点上。我的身体变得轻盈，重量都放到了思想上，我放松，任由自己进行内心的旅行。

投入大地之母的怀抱

天色暗了下来，夜晚来临，是子夜时分。我最终到了一个非常萧瑟的地方的底部，这里通常见不到什么生物。

我的肺缩小到乒乓球那么大，一股焦虑的情绪从体内升起，我都担心我那颗缩小的肺会跑到身体的其他部位去。正是在这个极度焦虑的时刻，你需要改变心态，放下戒备，和自己休战和解。

不应该再将水视为具有侵略性的邪恶的敌人，认为它会攻击人体的堡垒，而要将其视为发光的宝盒，包裹着让你温暖的如羊绒围巾一样的保护层。在不人道的行为占上风的海域，应该同自然重新建立起一种契约。应该修复同盖娅，大地之母的关系，从工业时代开始人类就一直忽视她。

长时间以来，人类都是与自然相互依存，按照自然的规律（有的时候也可能显得不规律）生存，接受自然的“恶习”，以某种宿命论忍受着它的多变。

从 18 世纪开始，人类就想统治自然、约束自然。我们将自然框住，给它塑形，和它保持着距离。我们开发自然，掠夺自然，我们拒其于千里之外，忽略它。

在日本，为了防御海啸，人们筑起越来越高的堤坝。但是这行不通，就像为了控制自然使它保持平静应该筑起高耸入云的墙吗？或者想象一种同气候变化和谐的发展，接受这些变化，陪伴这些变化，而不是想着去与之做斗争，不是更好吗？不要期待最后的胜利，否则将会导致我们的地球母亲走向灭亡。我们不可能支配一切，控制一切，应该走出人类的这种自负心理。

一分钟一分钟地过去

在水下，我确切地知道自己的位置。我的绳索上没有刻度，手表上也没有秒针，但是我清楚地知道我下降到 100 米处需要 1 分 35 秒，下降到 125 米需要 2 分钟。我有一个小闹钟，在到达 100 米的时候会响，但是与其说它是提醒你遵守规则秩序的，不如说是一个表示欢迎的钟乐，一份会响的甜点，是一句整个下潜过程中——一整夜——都回荡在心中的“勿忘我”。

这或许挺令人吃惊的：在半雾状态，眼睛半闭着的情况下进入到极限地带进行探险，并且没有计时的意识。

这种有意识地放弃计时无疑体现出这首先是一次内心的旅行，是自我意识的历练，是对感知的提升。最重要的是这是一次感官上的实验，为了完成并且取得成功，你需要把技术的“拐杖”丢回到所谓的现代主义的仓库中去。

在训练中，我发明了一些可视化技术，它们令我沿着这个虚拟的梯子上上下下，就像我是自己的替身一样。

1）呼吸。我拉伸身体，然后在脑子里开启我的秒表计时。我看着自己在下落，试着在心中重现每个阶段，我试着再现那些感觉，发自内心地去感受它们。进入水中、潜水反射、嘴部填充、胸腔受到挤压、氮醉等等。这是我刚刚开始深潜的时候用的一个非常有趣的方法。我每次都惊异于所想的阶段和真实所处的阶段完美的同步，惊异于我所达到的不可思议的准确性。

2）闭气。这个是在健身房中进行的。我借助健身器械锻炼我的大腿，让它变得非常结实。然后我开始闭气，在我克服水平方向的推力时，模仿在水中身体波浪形摆动的频率以及脚蹼摆动的节奏。

我差不多可以记得在不同的阶段脚蹼需要摆动的次数，我对自己的节奏感很满意。在下潜的最初 30 米，频率比较高，然后在剩下的时间里保持不动，从深渊处抽身出来时需要重新开始用力摆动，此外这个时刻给我的感觉比实际要短，然后在最后的 15 米（这个时候阿基米德原理又开始起作用了），保持不快不慢。

计时员默默地记录着我的变化。经常，非常经常的是，我闭气憋不住的时候，他的计时器最后一声嘟嘟声也响起。在任务执行情况报告中，我们看到节奏的变化与理论上是一致的。

可视化与情感

这些可视化的方法都是众所周知的了。因为自由潜水是一个新兴的领域，我们偶尔会更新一下方法，但是更新的方法需要适用于这个领域。

在 2005 年。我努力地想摆脱多动症，它令我处于一种压力之下，根本无法参加当天的各种比赛。我开始寻找，看其他的运动中心理准备阶段都干什么，然后我遇到了一个网球运动员心理准备教师，从他的理论中我获得了灵感。

这个方法非常有意思，但是现在还行不通，或许是因为我还没有准备好，或者因为我还没有找到令我可以进入轨道的角度，就像是太空舱需要找到那个可以使其返回地球的准确的角度一样：如果靠近的方向与大气层太过垂直，就会有烧焦的危险；如果弦切角太小，又会被弹回去。

更重要的问题是，这并不是我自己费劲儿想出来的，不是我自己发现的，对于将别人的方法拿来自己用，我感觉不舒服。

那时候，我和塞德里克・巴勒莫(Cédric Palerme)住在一栋楼。他是自由潜水俱乐部的教练员，他自称是无神论者，但是我总觉得他是一个佛教徒却不自知。他非常聪明，对所有事情都很感兴趣，喜欢几个小时几个小时地讨论人生的重大问题。

我以我的方式继续向前，以我的角度开始研究，我意识到很多很多的科学问题和宗教问题是有交叉的。并且一点点，这种自觉的灵魂探索令我可以将我自己的存在和我的行为放到它们恰当的位置上。通过与银河的无限，时间的永恒，过去的广袤和未来的宽广相比较，我不再觉得我在水中上上下下有什么了不起。

俄罗斯伟大的自由潜水运动员娜塔莉亚・莫查诺娃也在帮我形成相对的视角，缓解紧张情绪方面起到了一定作用。娜塔莉亚是我一位年轻而有才华的对手，我叫她莫查诺娃妈妈，她总是保护我，将我置于她的羽翼之下。2009年，在比赛前一夜的晚会上，她见到我心神不宁的，就把我叫到一边儿对我说："别为明天而烦恼，也别这样耷拉个脑袋，这不过是成年人的游戏，生死是大事儿，剩下的，不过是游戏。"

这个忠告，由我很喜欢的一个人在恰当的时候说出来，如醍醐灌顶。

从前，我很紧张，挖掘我的潜能，深陷我的焦虑。

自那之后，我爱上了比赛的每个时刻，并且对自己说，我是在实践我的梦想，有多少人想在我现在的位置上呢，我应该享受这个了不起的活动的每一秒。这是我所珍爱的活动啊，我一整年的时间都在为它做准备呢。

为了方便，我每晚都凝望繁星点点的夜空，像一个仪式一样，以此来专注地做"去戏剧化"，培养相对意识。眼睛抬起来，我默念帕斯卡的一句话，"无穷均匀的宇宙，激发人们产生一种恐惧，令他们明白自身处境的痛苦。"很久以前我就将这句话变成我自己的了。

以前，我总是希望以最快的速度完成比赛，然后去做其他的事情，这样那令人激动又心烦意乱的时刻可以被丢在脑后，一场比赛下来，留下来的不过是一个成功的数字，或者是一个需要去忘记的失败。

而如今，在任何情况下，我都不再觉得潜水就像下地狱一般，不会感觉下落像奔赴刑场一般，我会享受潜水带来的这份短暂而难得的快乐，每一分每一秒。

以前，我总是处在战斗状态。当我骑着我的小摩托或者开着我那辆旧车因为塞车堵在路上的时候，我的内心是极为恼火的。

而如今我会将烦恼置之脑后。我不再心急火燎，而是会选择后退。我不再处于紧张的状态了，而是会去接受。这使得我在潜水时可以潜得更深。

我接受之前我一直抗拒的力，将它视为朋友，有点儿像在柔道里，你需要借用对手的力令他失去平衡，而不是试着去躲开他的攻击或者与之对抗。

这里面的哲学同冲浪非常相似：面对波浪，驾驭它，利用它作为推动力，迂回前进，然后，让这股海浪过去，等待下一个浪头过来。

我现在 31 岁了，我知道我经历了很多，从我的起点走了出来，我并没有因为我的出身，我的教育水平而停滞不前，我甚至成功地使我的性格慢慢地有了改变。

进步

1998 年，我读完中学二年级。自由潜水是我的瘾，我的专长，也是我的梦想。但是我的父母却继续以一种担忧和怀疑的态度看待这一切。那年夏天，我心目中的英雄翁贝托 · 派蕾泽瑞，在意大利撒丁岛上的地中海度假村(Club Med)组织第二届世界自由潜水锦标赛，雅克 · 梅约也会到场。

如果你喜欢这个领域，这个领域令你心驰神往，那么这场赛事你就不应该错过。我有没有参赛水平有什么关系，重要的是我可以作为后勤人员，为赛事的组织帮忙，支持洛克和其他人。

但是我父母却不让我和尼斯的那些潜水员去。性格外向，无拘无束的于连带着他那顶欧洲青年赛冠军的光环去了。他给我带回来了一张派蕾泽瑞签名的小海报，多么令人伤心的安慰啊！

1999 年秋天，我到了中学的最后一个学年。我决定了，要么成为派蕾泽瑞，要么就一事无成。自由潜水将是我的运动项目，我的生命。我每周末都去潜水，我还练习游泳。圣诞节的时候，我要了我的第一件高级潜水服，来换掉俱乐部发的那些破旧的潜水服。

于连则选择了田径项目。他遇到了他的女朋友，艾米丽，22 岁的时候和她结婚了，并且一起生了 2 个孩子。他喜欢晚睡晚起，和兄弟们玩玩音乐。

克罗德不跟我说话，对我管教非常严格。他限制我的下潜深度在 35 米，37 米，而我感觉这个深度太保守了。

克罗德想让我明白所有这些都是锻炼我的耐心，要顺从，尤其在年轻的时候。他教会我要耐心，让我穿着一件 7 毫米厚的潜水服不带配重潜水，克服最大的浮力。他教会我如何应对困难以便更好地理解潜水，当一切参数本来都可以处于最佳状态时。

当然，按照他的习惯，克罗德不用语言表达，不讲理论，也不用语言去解释。他希望我遇到障碍，然后慢慢地，平静地在一种放松的状态下击退障碍。他了解我，当天就看透了我的焦虑，就像他看透了我的潜力一样。

7 我从小就比较听话，不逆反，他希望我怎么做我就怎么做。我尊重教练给规划出来的路，从未质疑过他那吓人的权威。

圣诞节放假期间，尽管水很冷，我还是每天都下水。然后就顿悟了。

2000年的夏天，我以勉强过关的成绩拿到了中学毕业文凭，哲学得了 5 分（20 分满分——译者注），这令我非常沮丧，以至于现在我都没有停止思考哲学问题。我父母意识到他们让我学数学的梦想不是我的梦想，并且我之所以放弃在这方面追求卓越，是因为我更想在另一个领域获得成功，而这个领域令我更有动力。

我本可以学医学或者生物的。我对人体也挺感兴趣的，我或许可以在生命与地球科学（SVT）或者理化方面大有作为。但是自由潜水在那里，它不断地吸引我的注意力，接纳我所有的热情。我的小伙伴们一个个地都去学那些严肃的、公认的学科了，他们参加预备班，考工程师学校，这些都是我的父母本打算让我做的，可以让他们感到高兴的。

为了谋一份体育方面的工作同时享受灵活的时间安排我上了一所体育大学。我从来没有想过我要到中学去做体育老师，我希望让自由潜水成为我的命运。

在选拔进入国家队时，我戴脚蹼潜到了水下 57 米。次日，需要再潜一次，以确认之前的成绩。我宣布继续挑战水下 57 米，但是在 52 米处就折返了。这让我获得克罗德的表扬，少有之事啊，他冲着我喊道："很好。可以看出你头脑很清醒，运动员中很少可以如此理智的。"

我很清楚他是想向我传达一个矛盾的信息：既要高兴又要保持克制。

很快，克罗德又开始自嘲，开始逗我，为了不让我太把自己当回事儿，丧失理智。

尽管我成绩不错，我还是没能留在国家自由潜水队参加世界杯比赛。那时候，参加自由潜水世界杯需要同时满足两个条件：第一，潜得深——这个我可以做到，但是第二，可以长时间闭气。所有在水平方向和静止状态做的事情对我而言都比较难。同时拥有多种能力和将一种能力做到出色是相矛盾的。

作为补偿，我和我的小女朋友玛丽一起去科西嘉省，爱情支撑着我。往往，我情绪一激动，运动上的冲劲儿就越大。我们会一起在那儿待上两年半，她会协助我的“孵化”。

2001 年，我为参加在伊维萨岛召开的世界锦标赛而做准备……然后最终被选上了，但是替补队员。我潜到了水下 80 米，成为了俱乐部中恒重潜水最深的人，洛克继续翱翔在无极限潜水的地狱边缘。

2001 年 9 月 11 日，也就是世贸大厦被袭击的那天，我们在尼斯大学综合理工学校（Valrose），正在为打破一项世界纪录做充分的准备。听到这个消息的时候，大家都惊呆了，似乎都受到了冲击。克罗德不让我分心，不让我看新闻。他对我说：“你，你什么都别想。继续训练。”

一周之后，我潜到了水下 82 米的深度。整个自由潜水圈都传遍了：一个 19 岁的年轻人潜水能力已经达到了世界纪录的水平。

2002 年，8 月 31 日。我尝试着打破由赫伯特·尼特奇保持的水下 86 米的纪录，我当时 20 岁，那是我第一次尝试，之后这种尝试还会很多很多。

一个月之前，我已经成功地潜到水下 87 米。克罗德坚持让我不停地重复练习。我们最后终于可以正式宣布挑战这个深度了。

这个深度是在我能力范围之内的，并没有冲击到我的极限。然后，令我高兴的是，我独享这种方式，并且出来的时候并不是脸色铁青的，而是一边笑着就浮出水面了，不会有晕厥的危险。

8 月 31 日，我的压力变大了。父母家人以及朋友都来了，朋友们还有一些好奇的人们坐着摩托船，帆船或者皮艇在比赛区域附近兜圈子围观。尤其，我们还在电视上做了赛事的广告，吸引很多人来观看。

相比我们微薄的收入而言，组织一场这样的赛事的花销是巨大的。首先需要有 8 个人负责安全，布置导绳，做纪录认证。还需要有负责安全的水肺潜水员分别被安排在水下 80 米、60 米和 40 米的深处。还需要 1500 欧元用于反兴奋剂控制以及摄影费用。所有这些看起来平淡无奇的事情，对于我们（那时候是纯粹的业余选手），并不是个小数目。

我有个朋友叫卢多维克·拉鲁（Ludovic Larue），在巴西经营着一家酒店。他通过他的一位在诺曼底做梯子生意的朋友帮我们弄到了一笔资金。到了比赛现场我发现摆着一张巨大的自粘式的“半人马牌”梯子的广告，这引起 M6 频道的摄像记者们的不满，他们这帮人非常担心视觉污染，但是根本不在乎比赛资金的筹备。

一切都进行地像在做梦似的。我拿到了标记牌，我朝到水下迎接我的水肺潜水员们打招呼，当我向他们微笑，并做出表示一切都非常顺利的手势时，他们在面罩内朝我喊叫。

我有点儿飘飘然，如登云端。当媒体要采访我的时候，克罗德急忙拉着我的袖子把我从这“云端”拽下来了，让我去和大家一起去抛锚地。

反社会潮流而动

在打破纪录之后，我经历了一种“产后抑郁”。怎么办呢？在学习方面，我一天一个主意。我一会儿想着读生理学博士，一会儿想着做会议主持人，一会儿又想学新闻，想读商学院，最后我不得已只能选择写学位论文。在论文中我论述潜水中的自我训练问题，将我自己描述为我自己的教练。

别以为这样就摆脱克罗德的控制了，或者可以赶走他了。克罗德不肯教导我们，他让我们在这方面自己负责，但是他继续影响着我们的精神。克罗德不是我的教练，而是我的导师。而洛克则是我的领路人，但也同时是我的朋友，大哥。

洛克在自由潜水这种希望不大的活动中表现得非常从容自在。他来自一个非常边缘的地方，有点儿嬉皮士风格。他在尼斯另一边的山区长大，居无定所，有时住在帐篷里，有时住在活动房里，有时在年久失修的旧船上。他没有任何体面，规矩以及房产的概念。相反，他主张个人自主，自由思想。他看出我有进步的潜力。他越是理解我的疑问，就越是不明白为什么我要继续迎合我父母对经典成功的渴望，他对我说：“遵从你自己的选择吧！”

我继续忍受着上学的负担，虽然我也尝试着摆脱。但是旧的皮只能一块一块掉，艰难地从一个被蛀的蚕蛹中出来一个新的人。我总是害怕做不好，并且对安全感的需要也牵绊着我。

7 母亲这边儿，外祖父母是住在阿尔及利亚的瓦赫兰的西班牙裔法国人。我的外祖父年轻的时候酷爱运动，在战争中受过伤，走路时拄着一支拐杖。在离开阿尔及利亚之后，他在一家银行找到了一份工作。他非常专制，他在家里定规矩。我外祖母非常顺从他，从不反对，她总是害怕自己的影子，害怕外面，害怕未来，害怕过去再回来纠缠他们。

我母亲是三个孩子中最大的，是被非常严厉地抚养长大的。外祖父非常苛刻，不允许我母亲带回来的评语有一丁点不好。母亲是个完美主义者，她逐渐形成一种负罪心理，而这种心理也成了她不断走向卓越的动力，她也把这种品质遗传给了我。她逃避到学习中，成功地考取了中学师资证书，但是放弃了大学教师资格会考。作为一名教师，她充分地完成了自我实现，但是却依然非常专注于她的工作，不旅行不偷闲，只能接受和我父亲一起去爬爬山或者骑骑自行车，摆脱每天与数字打交道的现实生活。

我父亲这边呢，他们是巴黎人，德龙省人。我祖父是裁缝，他在巴黎给人做衣服，之后定居尼斯。我父亲是家里的独生子，取得了生物学的大学文凭。他很快在柯达公司找到了一份工作，然后又成了放射医学的化验员。他 20 岁的时候遇到了我母亲，我母亲当时 17 岁，那时是 1972 年，10 年之后，在 1982 年，我出生了。

他们两个都喜欢运动，热爱自然，但是不喜欢出门，从不冒险去国外长途旅行。到了 20 岁，我感觉受不了这些约束和必须要做的事情了。我不想走我父母给我预设好的路了，我想脱离，我要激情和震撼。

2003 年，我同时闹了两场青春期危机。最后，我反抗了我的父母，也反抗了克罗德，我所选择的新家庭——自由潜水家庭的家长。

2003 年，我从大学辍学了。“半人马”牌梯子重新陪伴我，给我支付了去留尼旺的机票。我想要旅行，要走得远远的，我不想再向谁解释了。无论是我爸妈那“充满温情和善意的”要我出人头地的要求，还是克罗德要求的那种装模作样的气定神闲的表现，我都抛之脑后。几个月前我和玛丽分手了。我去留尼旺找索菲·帕萨拉奎亚(Sophie Passalacqua)。索菲 30 岁，是个自由潜水员朋友，像个正音科医生。

我想自己在印度洋边尝试着打破纪录。我想换到南半球试试，跳出条条框框，赢得自主，并且探索我的其他能力。

也是因为同样的理由把我吸引到自由潜水领域的，它是走向广阔的外界的一个途径，尽管你可能会觉得在这个神秘的运动中依然受到限制。在现场，我周围是一群潜水队的队员，他们的自由潜水活动都是在“海洋运动俱乐部”进行的，他们会花上四个月的时间安排这个项目。

我过上了另外一种生活。在这里我认识了后来成了我最好的朋友之一的威乐（Wilo）。我发现了未来的妻子——茉莉的留尼旺大地。

8

暂停（深处）

网球和标记牌

距离底部更近了。一个大约有 20 公斤重的小铅盘令导绳保持垂直，并且上面挂着我要带回去的标记牌。

在一片混沌中，我看到几束微弱的光，照亮了铅盘，让监控的照相机工作起来更方便。这几束光勾勒出了一个仁慈的王冠，就像是出人意料的文明的光环。这些光就像是北欧圣诞节时点的那些支撑着斯堪的纳维亚的少女熬过冬至的蜡烛。

我不太清楚这种陆地上生命的证据，这种能量的信号是否让我内心安定。摄像机的镜头向我递上一个眼色或许会成为我的心理支柱，但是如果在大洋深处，当我处于彻底的孤独之时，我发生什么意外，它可是一点儿忙都帮不上的。

监控摄像机会记录下事故，记录下我的慌乱，记录下我被放下的绳索疯狂地拖到水面上，送往急救中心的情形。

我离开阳光，离开黄色和蓝色，落入海洋的深处，进入深夜一般的漆黑中，进入到黑暗的心脏。

在道路中间有一些小灯，这让往返于天空和地狱之间的旅程变得平淡无奇，就像是稀松平常的“停车—启动”的过程。

我将绳子紧紧地握在拇指和食指之间，这样可以更好地感受它从指缝间滑动。我从不戴手套，我感到在指肚下面，好像有记号笔标出了最后几米滑过的节奏。

在心理上，我已经准备好了局面的突然变化，准备好了迎接会更费体力的上升。

在距离底部 1.5 米的位置，有一个网球固定在导绳上，导绳的弹簧钩卡在球上。

我的左手停在球上的弹簧钩上。身体向下探，用右手抓住了标记牌，那是我良好体育精神的见证。

这个标记牌是我的了，我得拿好一直带到水面上。如果没有它的话，要被扣分，并且纪录也不被认可。这个小牌子相当于我从海底抓上来的一把沙子或者贝壳。我们潜到深处是为了带个什么纪念回来的，而不只是为了潜水电脑上显示的没有灵魂的那个数字。

返回，唯有这个时刻，我才可以拉住导绳。过会儿水面上的裁判将会查看图像以确保成绩的有效性，他要来判断是否一切进展得顺利，参赛选手有没有借助绳索向上爬。

寒冷

这个时刻是既神奇又令人震撼的。目前所处的位置是环境最恶劣的地方，水深 125 米，水压达到 13.5 巴[①]，而水面上只有 1 巴，水下 10 米是 2 巴。也就是说，在水下 125 米，身体表面每平方厘米要承受 13.5 千克的压力。

一旦你在情感上顺从了，抱着一种接受的思想，那么这种遭罪的状态也没有那么不愉快了。这里给我的印象是很震撼的，就像是在铺着垫子的蚕茧里，又像在封闭的隧道中，又像在柔软的电梯里。这里让人感觉又沉重又自由。

这是回归子宫。对于有密室幽闭症的人、所有那些嘴上说着梦想解放却像鸵鸟一样选择逃避的人，所有那些不明是非将头埋在对重大问题的否定中的人，所有那些希望摆脱他们的出身并且也忘记了终有一天他们也会死去的人，对于这些人而言，这个时刻是非常难熬的。

转身的时刻也让人感到寒冷的影响。在水面，水温是 25°C，而在水底，水温是 13°C。每向下 20 米或者 25 米，水温就下降 2~3°C。并且温度的降低不是线性的，而是阶梯式。温度的变化有陡降、有中断、有趋缓。水会出现分层，同质的液体形成一层，我们称之为温跃层。

在深处，我感到一种刺骨的冰凉。因为在不到两分钟的时间里温度下降了很多，并且潜水服很薄（与其说是橡胶制成的抓绒连体裤，潜水服更像是紧贴在我身上的第二层皮肤），这种温度的对比就更加明显了。

虽说寒毛都竖起来了，不过我并没有打哆嗦。在水下，冷的感觉并不会引发什么反应，而在日常生活中，我是个非常喜欢阳光的法国人，会因为下雨或者阴天而心情低落，因为见到

① 压强单位，1 巴=10^5 帕。

一丝阳光而元气恢复。

当我想到我身处别处时，寒冷给我安慰。我处在一个不同的环境中，这个环境令人不安，但是并不是特别咄咄逼人。

寒冷让一切都慢了下来，思想、动作、能量的消耗。心脏的跳动也变缓了，氧气消耗变少了，血液从四肢回流，集中到要害的器官中。

4 个人的比赛，＋1

水下 110 米、120 米、130 米是寒冷的海域，人迹罕至。自由潜水中四员大将曾在此一次次相遇，创造纪录又打破纪录，赢得称号又丢掉称号，如此反复。不过后来，尼特奇（Nitsch）离开了去做无极限潜水，科斯帝（Coste）健康出了一些问题，莫查诺夫（Molchanov）不再潜水了，一切重新开始了。这里我用数字和字母列出了他们这些年互相追赶又互相遭遇的大致情况。

C 代表卡洛斯·科斯帝（Carlos Coste），G 代表纪尧姆·内里，M 代表阿列克谢·莫查诺夫（Alexei Molchanov），N 代表赫伯特·尼特奇，S 代表 马丁·斯坦帕尼克（Martin Štěpánek）。

2001：－86，N.

2002：－87，G.
－90，C.
－93，S.
－95，N.

2004：–96，G.
–102，C.
–103，S.
–105，C.
–108，S.

2006：–109，G.
–111，N.
–112，N.

2008：–113，G.
–114，N.

2009：–120，N.
–122，S.
–123，N.
–124，N.

2011：–117，G.

2012：–125，M.
–126，M. (–123，G.)

2013：–128，M. (–125，G.)

尼特奇与内里对决

公众对自由潜水的兴趣总是停留在对决上。20 世纪 60 年代，梅约和马奥卡之间的竞争非常激烈，让自由潜水业余爱好者看得好不紧张。而电影《碧海蓝天》也是由此获得的灵感。

20 世纪 90 年代，派蕾泽瑞和皮品[①]（Pipin）之间的对决令和我一样的少年激动不已。

21 世纪初，我们四个，则像四个火枪手。卡洛斯·科斯帝（Carlos Coste）是委内瑞拉人，2006 年在无极限潜水中的一次事故使他终止了他的潜水事业。马丁·斯坦帕尼克（Martin Štepánek），捷克人，是天赋最好的一个。他按照传统的方式训练，很晚才开始采用最近的革新器材，但是却都轻松自如地打破纪录，他也不喜欢游泳。然后呢，就是赫伯特·尼特奇了。

这个出生于 1970 年的奥地利人是个飞行员。在埃及停留期间，他弄丢了他的水肺潜水器材。不想眼巴巴地看着，这个亢奋的家伙就这样开始了自由潜水。令人吃惊的是：他发现自己的能力超出一般人，很快就潜到了近乎 50 米处。希望对这个他不太熟悉的领域了解更多，他打电话给克罗德·沙布。克罗德·沙布一边打趣他，一边谨慎地欢迎这位疯子加入到自由潜水这项组织成熟的圈子中来。这个小有成就的男人已经有了一份全职工作：民航飞行员。他有稳定的工作，但是却愿意挤进自由潜水这个封闭的足够文明的小圈子里来。

第一次见到尼特奇是我 17 岁那年，当时他 29 岁。尼特奇长得很像电影里那个“终结者”，光头，胡子拉碴。他那副大兵的外表和儒雅的气质很不协调。实际上，在我们这群人中，他比其他人都要随意，温和，从容。他很快被视为一匹黑马，以他的精力、野心和富有创造性的技术来打破这个圈子的平静。

有一天下雨，尼特奇好像从科幻电影中走出来一般。我自言自语道：“这个机器人是谁呀？”

① 古巴自由潜水运动员 Francisco Rodriguez 的昵称。

克罗德，带着打趣的口气，给他起了个外号："奥地利人"。

我和赫伯特两个人不停地遭遇，对峙，一会儿我打破恒重潜水的纪录，一会儿他打破纪录。在 2000 年到 2010 年的整个十年间都是这个样子，直到年轻的莫查诺夫（Molchanov）来了，他来挑战 40 岁的尼特奇和 30 岁的我的骄傲。

尼特奇天资出众，可以静态闭气接近 9 分钟，所以他同时涉足多个领域。他已经不满足于恒重潜水了，开始挑战无极限潜水。开始的时候，他误入歧途过度换气，然后重新学习基本技巧，显示出聪明才智。

在无极限潜水中，在水下 30 米，他清空了装在一个可乐瓶子中留在下降过程中的用于中耳平衡的空气。这是一种靠人工方式大大延长的嘴部填充的方法。并且他想象一种炮弹形状的铸铁，他坐在里面下滑，侧面的样子就像雪橇的前面一样，以便改善在水中的阻力，提高下降和上升的速度。

我们不停地打破彼此的纪录。我打破他的纪录三次，他又打破我的纪录两次。

我们彼此都从这种竞争中受益，竞争使我们保持战斗状态，令我们形成了各自不同的风格，不同的生活方式。

一点点，我们的关系慢慢发展，彼此非常欣赏，并且彼此分享越来越多的事情。他成了我的朋友。

尼特奇决定去从事无极限潜水，而我还是更喜欢留在比较经典的潜水项目，最纯粹也最具有体育精神的恒重潜水上。2007 年，他潜到了 214 米深处。2012 年，他从 244 米深处上来但是却出现了空气栓塞。在海底深处，水压会压缩体内的气体，小的氮气泡泡会进入到血液中，在返回到水面的过程中，如果你不用一定的时间去清除掉这些氮气，当气体恢复到原来的体积时，这些小氮气泡泡就会进入脑部，引起栓塞，导致瘫痪。

虽然躲过了各种脑血管意外，尼特奇在最开始的一段时间内遭受了口齿不清、记忆问题以及行动不便。他不能再像以前一样担任奥地利航空公司的飞行员了，但是他正在努力恢复他的所有能力。

2013 年 4 月他刚刚开始说话的时候，我是第一批见到他的人。他恢复的速度之快令我非常吃惊，我们聊天，他给我讲了那次差点儿要了他命的历程。我是为数不多能够理解在水下发生了什么情况的几个人之一。

随着时间的推移，他恢复得越来越好了。我看到他恢复健康了，非常开心，一定是挑战深处的意念支撑着他好起来。但是这位大海的情人还有另外的计划，他想要建一艘大船，环游世界。

尼特奇梦想着可以潜到 300 米，这个深度在理论上讲是有可能实现的。但是无极限潜水是一项非常微妙的潜水项目，他在无极限潜水中遭遇的一系列事故严重地牵制了他的雄心。

时间停止了

我们经常说（我是第一个这样说的）海底深渊是漆黑一片。但事实上，那里的颜色是深蓝色，是那种藏青色，蓝黑色，令人心醉。令人非常吃惊的是其颜色的统一性：如果没有光亮，这种统一性不会受到任何愉悦的多样性的干扰，或是有颜色起伏的干扰。

在任何其他地方，不管是在陆地上还是在空中，都没有这样的统一感。我可以从高处、低处、左边、右边、前面、后面欣赏……在我周围360度范围内，我沐浴在一种完美的统一中。

所有这些都联合起来让你重新将注意力集中在你自己身上，集中在你的情感和疑问上。

压力会挤压你的身体，寒冷会让血液汇集到身体的核心部位，光线消退，折射出去。此刻时间仿佛停止了一般。

在转身的瞬间，在潜水的计时沙漏翻转的时刻，身体也记录下了时间在此处的停留。

在这短暂的停留中，在这一秒钟的迟疑中，在之前和之后之间，在下降和上升之间，内心的旅行收获了它的意义。

这里是一片蓝色的森林，在这儿你感到非常孤单，非常脆弱，内心被一种卑微感所占据。你到了这样一个没有任何参照物的地方，颜色是单调的，身体失重，不存在水平线。在此我们触及不确定和无限。你不再有脚踏实地的感觉，从这里看去，地球不复存在。那个从来都没有从我们的目光中消失过的蓝色星球"蒸发"掉了，就像电脑按下了"重新启动"键一样。

我们不过是消失在一片虚无中的一颗水滴罢了。我们被打回原形，不过是消逝于无限中的一个小东西而已。

淡蓝色的点

旅行者1号探测器于1977年进入太空轨道，它的任务是到达木星，研究太阳系的各个行星。一旦最初的任务完成了，美国国家航空航天局（NASA）就会向其发出指令返回，并拍摄下所到达的各个行星的照片，包括，它出发的行星：地球。

照片中显示出的地球不过是广袤空间中一个淡蓝色的小点。探测器在距离地球 64 亿千米远的地方拍下了这个珍贵的瞬间。

这个淡蓝色的点儿，这个悬浮在浩渺的宇宙中的小点儿，犹如沧海一粟，显示出地球的脆弱和它的微不足道。

当我在水底时，我感到自己就像一个淡蓝色的小点儿，感到自身的有限，消逝在无尽的对形而上问题的追问以及对生存的义务的拷问中。

旅行者号探险的发起者、科学家卡尔·萨根（Carl Sagan）写了一篇非常漂亮的文章，就是关于这个淡蓝色的点点，我们唯一的家园，与我们已知的和未知的那些广袤世界相比，它是那样的脆弱，那样的可怜。

他还坚持在探测器的行李舱里放上他认为最好的，最能代表人性，人的创造力、作品和天资的东西。萨根想让其他地方的人们了解兄弟间文明的不同，如果他们存在并且具有和我们相同的认知的话。他放了达芬奇的画，黄金唱片，正在哺乳的女人的照片，数学公式以及物理学上的基本定律。

那我呢，我在下潜到海底，远离我平庸的日常生活的时候，如果我没有选择在湿乎乎的两手间握着那些关于垂直方向的苍白的小公理之外，我会在我的文化背包中带些什么下去呢?

我会选择带上什么来向水底的人们解释我是谁呢，如果他们存在并且愿意了解我是谁，而不是把我生吞下去再思考的话。

8

我很可能会带上一朵花。花象征着地球上的生命生长，并且颜色丰富，代表着富饶。手里拿着一束花下潜，冒着招来美人鱼的风险……不知道茱莉会不会允许我这样做呢？

有的时候，我就想，真希望可以登上旅行者的姊妹号探测器。我会向蓝色的海王星，黄色的土星，橙色的木星，红色的火星问好。我会掠过土星的泰坦卫星，朝着木卫二欧罗巴的方向飞去。

我最后会在木星的这颗卫星上降落，这里有一大片海洋，可能隐藏着生命的迹象。

我会走出探测器，在冰冻的大地上钻孔，就像因纽特人在大浮冰上钻孔一样。我会戴上面具，穿上脚蹼，潜入到我们的地球母亲的孪生姊妹星球的深处。

在等待这个非常非常漫长的旅行开始的同时，我想先教我女儿天文学的基本知识，给她讲一些关于星星的传说以及宇宙的奥妙。

我十分吃惊熊孩子们会觉得太阳在绕着地球转。在我看来似乎非常有必要从最基础开始了，思考万物的起源，思考备受争议的大爆炸。思考大爆炸之后的 5 分钟内产生的氦原子核，以及 38000 年之后最早的氢原子和氦原子的产生，这些发生核聚变的行星，就是在这个时候产生了构成我们的物质。所以，人类，不过是行星的粉尘……

思考这些令我兴致盎然，令我着迷，并没有引发我的恐慌，也没有开启一些深渊令我想消逝其中。恰恰相反。

令我感到不安的却是人们拒绝思考无限，而是躲在唯物论的精神障碍的后面，眼睛只向下盯着脚趾甲。

9

氮醉（上升，在大约 100 米深度）

转身

我抓紧标记牌，转身，头朝上，浮向水面。

很长时间以来，我都将转身的这一刻视为完成的时刻。我觉得工作 100%完成了，没必要再担心了，一切都进行地非常容易。

第一次晕厥的经历让我明白了事情远没有那么简单……

只是注意在浮出水面的时候嘴唇上要带着微笑，以及不去挑战相对于自己当前能力过于深的深度，很长时间以来，我都轻视晕厥这个问题。直到后来被自己的生理击倒了。

自此之后，我丢掉了自负，那种初出茅庐的毛头小子在轻蔑地打量年龄大的遭受过晕厥尝到那种滋味的潜水员时表现出的自负。但是年少轻狂褪去之后，我并没有像一些年纪大的人一样焦躁不安，也没有像那些谨小慎微的人一样变得哆哆嗦嗦，自此之后不敢再露面，仿佛他们已经挥霍掉了所有的风险资本似的。有点儿像那些被日光浴晒黑了的人们后悔了，称他们已经挥霍了他们的太阳资本，然后用50倍的防晒霜把自己变白，让化妆品销售商大大赚了一笔。

我拉住那个网球，然后尝试着慢慢重新开始使身体呈波浪形摆动。需要在力度、速度和省力之间达到一个折中的效果。

我刚刚过了 100 米深度，顺势滑下，任由自己下落，不坚持也不抗拒。我遵从一种慢瑜伽的哲学。我加入到了后石油危机时代的西方生产本位主义的阵营。我需要完全依靠少量的能量，越来越少的能量重新上升，以更少的能量做同样多的事情。

为了不引发氮醉，我前三次摆动脚蹼非常平静而克制。在做完第五下的时候，我失控了。最终，我知道我会处在一种非常飘忽的控制之中，就像是头脑中想着沙发的心理医生的注意力一般。

氮醉，定义

这种现象为人们所熟知了。我们戏称之为“醉潜”。充满气瓶的压缩空气由 79%氮气，20%氧气以及 1%的其他混合气体组成。在自由空气状态，氮气是以溶解的状态存在于人体中的。而在下潜的过程中，由于压力，氮气的小气泡会进入到血液中。

这在水下三四十米的时候发生，会引发一种氮醉的效果，让人感觉非常愉悦。

曾经认为，自由潜水员应该不会出现这种反应，因为他们在水下不呼吸。但是人们发现在非常深的地方，接近水下 100 米的时候，自由潜水员也会出现这种氮醉。原因是巨大的水压使得机体内的氮气进入血液，而不是因为闭气的时间长所致。

从经验的角度，我们发现自由潜水员出现氮醉的状况并不仅仅因为氮气的原因，还有不同气体的高度集中也对此有影响：尤其是氧气和二氧化碳。

你最早感到这种氮醉的状况是在下潜结束的时候。这还主要是身体上的，表现为：肢体刺痒，全身松软，开始感到困倦，就像是身体里塞满了浸湿的棉花或者自己变成了海绵一般。

在上升开始的时候（这时你需要努力，使出身上积蓄的力量从这里摆脱），这种氮醉感会击中你的潜意识，神智开始恍惚，意识也混乱起来。

水肺潜水员上升几十米后，神智就清晰起来，问题就解决了，而对于自由潜水员来说，这种氮醉的感觉会一直伴随整个上升阶段。尽管随着接近水面，压力会不断减小，但是除了这种深水氮醉感之外我们还会感到缺氧。氧气含量下降，二氧化碳含量上升，会产生乳酸，这一切都会令应该开始消失的现象的影响扩大。目前有待考虑的一个主要的争论在于：感受到的这些影响是不是主要由二氧化碳引起的。

任由自己陷入无意识

我第一次经历氮醉是在留尼旺岛，当我潜到 90 米深处时。我第一次看到在漆黑的水底出现一道闪电，一个游戏中的怪兽出现在我的面前，毛茸茸的，留着长长的指甲，是那种小魔怪，喜剧中的半兽人，小精灵，她在那里打着手势，又蹦又跳。在一阵刺耳的笑声中她消失了。这种氮醉感经常会引起这种幻觉和幻听。

那时，我闭上眼睛。然后，我会半睁开眼睛，固定好导绳，为了确定要遵循既定的路线，同时精神上紧紧抓住这根绳索，它会令我精力集中，把我带回到水面上去。

一般来讲，氮醉幻觉中出现的通常都是那些我们脑子中念念不忘的，或者前些天刚刚遇到过的一些人的脸面孔经过幻灯片放大过的效果。这些我们认识的人或者瞥过一眼的人成群结队你推我搡地从面前经过，身体都压扁了，走了形了。

我记得我之前遇到过一个自由潜水员，他长着一张圆脸和小丑的鼻子。一次他出现在了我的氮醉反应中，他的鼻子闪着蓝色的光，就像是警车的旋闪灯一样。

在氮醉状态产生的图像可能是令人满意的，开心的，感动的，也可能是刺激的，病态的或是暴力的。困难就在于你永远不可能知道等待你的是什么，无法预想到它会让你处于一个什么样的状态，你也无法控制这个时刻。这种丧失控制的感觉会成为一个问题。自由潜水是唯一一项比赛期间运动员一半的时间脑子都在别处，处于胡思乱想状态的冒险体育项目。试想尤塞恩·博尔特在冲刺中被各种幻觉所折磨，或是齐达内在射点球的时候，要对抗令人晕厥的恐怖的干扰……

起初，当这不可避免的氮醉感出现时，我满脑子都是想要征服它的积极思想，可是这样做是最糟糕的。

可以意料到的好事儿被其他烦心的事儿所阻止，并且最后还是这些烦心的事儿占了上风。就像在校园中有人喊你小可爱，这些吓人的校园小霸王们把这个小可爱丢到他的宿舍，我不能从那儿出来。为了庆祝他们的成功，他们大声地叫着，在我失败的背后他们拍着手庆祝。

在水面上的时候，对于那些性格发展比较平衡的、被社会接受的，人格比较“正常”的人而言，意识会制止无意识中的那些卑劣的想法，牢牢地控制住无意识。但在氮醉状态，意识和无意识之间进行着一场躲猫猫的游戏，但是，最终，总是无意识胜出。

从中抽身唯一的办法就是后退，让好仙女和坏仙女互相打去，管他们用什么方法呢，魔法也好，诅咒也好；鼓励也好，挫折也罢；耐力也好，毒力也罢。

我停下来，观察自我，做这场内心斗争里一个中立的看客。我身在那儿心不在那儿，不去在意脑子里接连出现的那些不可控制的图像和没有确定情节的电影，白尾海雕的叫声，浪漫的催眠曲，或是坐在碰碰车里突然加速，或是开着敞篷汽车滑行很久到达几近坍塌的悬崖边儿上。

当我面临胸腔受到的压力增大时，我也采用同样的态度应对：松手，接受。无论是在氮醉状态或是在梦中，事物显现，阻塞形成肿块，结节被切掉，连接变得紧密或者散开。氮醉也是一种自我认知的情境，尽管不应该过度阐释。在氮醉中，会出现很多的错误的线索，并且有很多无关紧要的风马牛不相及的事情出现，你感知到的不一定都是真实的。

在我刚刚开始参加比赛的那几年，氮醉反应是我最大的敌人。在洛克去世之后，氮醉感近乎成为我的一个障碍。但是逐步地，情况有了好转。我驯服了它。

自我的深处

在潜水中，遇到氮醉这种令人不舒服的时刻不仅显示我们身体的状态，并且还有我们精神的状态。

从事自由潜水的人们总是有一种自我调节的倾向，往往可以不让氮醉的情况发生，但是这并不足以保证可以顺利度过氮醉状态，顺利完成这次潜水任务。因为内心的和谐不是通过一次同自我的斗争，一次同自我的态度的战斗，或者同对手的情绪波动斗争就可以获得的。无论你是表现地像个头戴钢盔的凶猛的复仇者，还是贪恋地渴望战斗的武士，抑或是傲慢的身披甲胄的战士，自由潜水运动才不在乎这些态度。

当一切都好的时候，完美的潜水经历才会突然发生，当你睡得好，吃得好，生活得好的时候……

所潜深度不仅仅同准备的完美程度有关（在准备中自由潜水员可能已经严格遵守了预先的计划），它还暴露出自由潜水员的真实情况。要想潜到深处，并且好好地回来，单单靠做个好学生，记住所有的技巧和要领是不够的。

有时，貌似一切都学得非常好了，然后一下水，完了！不行。往往人们认为这不公平，而为什么有的人下潜取得成功了呢？原因却在另一个更加偏重心理和精神的领域。如果你不去挖掘身体和技术背后的原因，那么你会继续不断地惊讶：为什么总是不行，尽管所有的准备都做好了？

为此，你需要和你的身心深处保持协调。这是一个漫长的学习过程，你会走一些困难的弯路，遇见很难转的 U 形弯，会遭遇挫折，以为山穷水尽，却最终会柳暗花明。

这个深度显示出每个人的灵魂。

其他人的氮醉经历

晚上在小酒吧或者在喝开胃酒的廊下，互相比较各自的氮醉经历是一个长久不衰取之不竭的话题，时时引发讨论、狂笑、打趣或者质疑。不过大家讲这些不是为了让人感觉不舒服，或者出于恶意。一般来说，人们讲的都是实话。

1）戴夫·穆林斯（Dave Mullins）是个大帅哥，很有魅力，身高 2 米。我觉得肺活量能到 9~10 升就非常值得炫耀了，他达到了 15~16 升。在游泳方面，穆林斯比我们所有人都厉害。但是在水下，在轻松地下降到一个相当的深度之后，他就开始撞击一个不真实的屏障，这个屏障就限定了他发生氮醉的区域。他所遭受的危机非常强烈，他都不知道他从哪儿来的了。他停止摆动脚蹼，然后重新开始，然后再停止。他在绳子的末端来回摇晃，然后又重新可以控制身体，然后又重新完全松劲了。危险系数变得非常大，他最终有一段时间都控制不去潜水了。

他猜测，是不是他超强大的肺活量恰恰影响了他的潜水表现？是不是在他体内积累的二氧化碳含量超过正常水平呢？

自那之后，他已经驯服了氮醉这个魔鬼，下潜到了水下 125 米。

2）马丁·斯坦帕尼克（Martin Šte pánek）最初是商业潜水员。他习惯了应付混合气体，以一种温和的态度击退氮醉反应。他在对二氧化碳的忍受度上被证明是无敌的。在泳池里，他用 30 秒的时间闭气平游 50 米，然后上来换气 10 到 15 秒，如此连着做 16 次。他恢复了氧气储备，但是二氧化碳没有时间排出。马丁掌握了这个活动的技巧，仿佛他享受二氧化碳就像在炉边吸烟斗一样惬意。

3）威廉·特鲁布里奇以他所经历的高级的氮醉而出名。他经常会看到一个白色的画面，就像摄影中刚刚开始的时候出来的那种下面还粘着镁粉的曝光片一样。他不知道该睁开还是闭上眼睛，经常被这片雪白的光晃得什么都看不清，依稀中仿佛见一位白衣女子出现在他的面前，带领他走向她的水底宫殿。

大麻与幻觉

说到氮醉就会说到幻觉……你很快就会想到软或者不软的毒品的效应。自由潜水和其他的体育项目一样也受到反兴奋剂规则的制约。所以在比赛期间甚至在训练期间，我都避免服用任何违禁的药品，不管它们会不会提高比赛成绩。服用大麻之后，几个星期之内都能验出来，还是小心为妙。

在2012年圣诞节前，我大概抽了两三口大麻烟卷（在大学生的节日晚会上会有人来回推销这种烟卷），算是我一生中抽得最多的一次了。我对此既感受不到渴望，也感受不到需要，甚至一点儿好奇心都没有。

在年末的节日期间，我们带着玛伊露一起去留尼旺岛茱莉家，我成功说服了我父母和我们一起去。我们又回到了这个独特的小岛上，岛上充满着假日的气氛，宁静怡人，与比赛的世界隔绝了。

茱莉的哥哥塞巴斯蒂安是信息工程师。留着光头，精神气儿十足，如今他致力于灵修，信奉藏传佛教。他知道作用于精神的药物的厉害，因为他以体验的名义，以一种循序渐进的方式服用过。

扎玛（zamal）是生长于留尼旺岛的一种特殊的印度大麻，数量很多。第一次吸这种大麻，我们同塞巴斯蒂安和他的女朋友一起在一个小屋里，周围是大自然。他告诉我要慢慢吸，留意扎玛(zamal)带来的那种快感以及吸食它有时会引起的颤抖。

我不是坏孩子，我很容易毫不犹豫地被人贴上好孩子的标签，但是他没有忘记我喜欢冒险，我需要违反，渴望超越，否则我也肯定不能潜到水下 125 米。

我没有慢慢地有节制地吸大麻烟卷，而是吸了五大口，就像潜水中在“鸭式下潜”之前要大口吸气一样。但是我没有做“鲤鱼吐泡泡”让这些烟在我的胸内堆积，但是我吸了很多，体验这样一种新奇的东西让我非常开心，因为这在 31 岁的我而言还是陌生的。那是个夜晚，就在吃饭之前，天气很好，我很惊讶竟然什么感觉都没有。

突然，那种感觉来了，将我淹没。我感到一道闪电从眼前划过，那强光令人头晕目眩，几近跌倒，这正是迷恋毒品的人们所追求的那种感觉，他们永远忘不了第一次吸食毒品的感觉，然后就一点一点儿地增加剂量，就为找回那最初的感觉。

我开始看见什么都笑，或者没有缘由地发笑，我神志不清，脑子里想的尽是一些无足轻重的生活细节，在意识中，这些细节被添枝加叶，无限夸大。

突然，我眼前一片漆黑，我感觉不适，我开始害怕，一种不安感将我吞没。然后那种快感觉又回来，如此反复。

这种感觉和氮醉有些相似，但是我不清楚它的后果和进程的展开。在水下，我做着事情，可以使我从远处审视这个失控的时刻，知道在找到不是太陡峭的海岸，不是太可怕的海域之前如何任由自己随波逐流。

我在留尼旺的山上盘旋而上，傻笑着，所有的牙齿都在打颤，身体抖得骨头都快碎了。此刻我的意识不过是破旧的衣裳，无用的甲胄，确定性不再存在了。我感觉已经将我的自我意识放进一条小河中，看着它远去汇入到怀疑和不解的海洋中去。那里波涛汹涌，我无法打捞起包含着我的平常的个性的网，只能任由它随波追流。

水下婚礼：梦幻

那是 2006 年，在我挑战 109 米深度之前的最后一次训练。

上升的时候，发生了氮醉，它每一次到来，或多或少的强烈，或多或少令人不安，我看到和茱莉结婚了。

我穿着黑色的燕尾服，她穿着白色的婚纱。我们站在市长或者牧师的面前。在到场的嘉宾中，我看到了很多朋友的面孔，熟悉的目光。

大家都坐着，好像是在教堂中或者是在市政厅的礼堂。茱莉和我只是互相看着互相拥抱着。但是在氮醉里出现的婚礼，像是一部快进的电影。

感觉非常美妙，虽然我并没有计划要结婚，我更倾向于协议同居，并且在教堂举办结婚仪式也不是我的逻辑。

常常，在晚上我给茱莉讲我的氮醉经历以及我所进入的那些妄想状态，我所编造的那些梦幻般的情节。我说起那次水下婚礼，她抓住了机会，那天，她对我说："这是个非常好的电影创意，通过氮醉经历来看一个自由潜水员的生活。”

要想这个故事最终以文化的形式存在，成为一个艺术计划，还将需要几年的时间。而且还将需要有巨大的认可度，多亏了《自由落体》这部影片，令我们已经获得了比较大的认可度。在我自己独自深入天坑探险之后，事情的进展真的是加快了。茱莉希望对《自由落体》进行补偿和弥补。

她决定开始拍摄一个中长影片。她坚持要以这个关键的场景，核心场景，这个婚礼的场景开始。为了给这些图片的诗意中添加一些体育运动的真实感，她在水下拍摄这部电影。

电影需要有 20 几个人参演，需要有适合的拍摄器材，需要给每位参与者准备服装，还要潜入到水下 10 米布景，以及维持后勤运作的钱或者省钱的办法。

我行动慢吞吞的，我跟茱莉提出了我的顾虑，我经常这样，比较谨小慎微，开始的时候，我总是看到事情消极的一面。然后，当我开始做了，我就会坚持到底，有的时候比事情的发起者还要有干劲儿。要发生这个态度上的转变，只需我那产生怀疑的机器让“这永远不可能行得通”这个棘爪跳过就可以了。

我不习惯找别人帮忙，担心被拒绝，所以就对茱莉说：“别人会觉得你烦的……他们不会愿意来的……我们到头来只能雇佣薪酬高得惊人的专业人士……”

她了解我的性格，坚定而自信地反驳我说：“我不这么想，你看着吧，他们听了会很高兴的。”

确实，她跟俱乐部里的人说了这个想法之后，他们都表示非常愿意参加。

水下婚礼：拍摄

拍这部电影真是个耗精力的事情，常常感觉精力消逝在流沙之中了。为了拍摄 40 秒的镜头，我们就需要一个星期时间去准备、定位、争取授权、租器材等等。

那是 2011 年的 10 月，我刚刚参加世界锦标赛回来，我们刚刚在市中心买了一个小公寓，茱莉怀孕了。

所有全体解散的因素都集齐了。但是恰恰相反，茱莉显示出了很大的干劲儿，而我呢，也表现出对组织事情和集体冒险的热情。这应该算是独生子女症，一到了兴奋的口若悬河的人群中间就觉得无比开心。

拍摄第一个场景的任务就和组织一场真正的婚礼一样的繁重而令人兴奋。结婚喜帖要邮寄，还要确认被邀请人能不能到场，有些欠缺要掩饰住，租的礼堂在自由城（Villefranche）的锚地，水下 8 米深处。

我们本来可以在泳池拍摄这个场景的，将贴着蓝色瓷砖的池底想象成蔚蓝色的海水。但是这样可能出来的效果就比较假，做作。在自然环境下，在海里拍摄，令这个拍摄计划更加合理，赋予了它十足的真实的气氛。

遇到的唯一的困难就是寒冷，十月，地中海开始变凉了。姑娘们穿着露背的礼服，忍受着寒冷。新娘当然是穿着一袭白纱，不过可以看出来已经冻得发紫了。茱莉为了担任摄影师，大方地把这个角色让给了别人演。但是从我的角度来讲，我觉得像是在我的幻想世界中的重婚，我在燕尾长礼服下面穿了一件小潜水服，没有人看见也没有人知道。

大家都兴高采烈的，为可以参演一个不太寻常的故事感到高兴，事后努力地在暖阳下暖和起来，围着一堆三明治回顾当天发生的趣闻，三明治很快就被一抢而空了。

看到这件事情做成了，茱莉非常开心，看着样片满满的自豪啊。她对样片做了一些首尾连接的处理，一个小的蒙太奇，作为样片交给电影的制片人和投资人。

随着怀孕的时间越来越长，茱莉的肚子越来越大。有一个场景必须要在产前拍完，因为拍下茱莉（导演兼演员）怀孕的样子是这部影片的主要魅力所在。并且这样子，当然不会一直持续下去……

这一场戏在泳池拍摄。许可证 1 月 18 日下来了，距离预产期只有 10 天的时间。

这是一场晚上的戏。我们租了一些巨大的照明灯，弄得好像我们要拍大片一样。这个地方我们可以从晚上 8 点用到凌晨。我们得一直拍到早晨 5 点钟了。

茱莉下到水里，而另外一名摄影师杰克特（Jacot），也是茱莉的老朋友，郑重其事地张罗着。产科医院就在 300 米远处，茱莉也带了自己的箱子来，以防万一生产。但一切都平静地过去了，既没有出现早产，也没有出现预产期提前。

玛伊露出生之后，拍摄继续，在水上、水下、天上、山上进行。

拍摄这部影片所需的资金并不多，但却是最难搞定的任务。向国家电影中心申请资金要很长时间才会得到答复，并且由于我们这个拍摄计划是在常规电影范围之外，我们将从那里拿不到一分钱的。我们就在网上通过众筹的方式筹集资金，估计需要 6000 欧元，我们最终收到了 7500 欧元。

这个事儿令我越发兴奋了。我东奔西跑，就想让这个幻想变为现实。我发现了一种活动，它有它自己的限制、目标以及无法估计的因素。我意识到这种工作方式将各种职业联系到一起，加上时间和金钱的限制（当然了，这些限制不应该创伤艺术上的雄心），比深潜还要复杂，毕竟后者只涉及你一个人。

我很高兴茱莉将这个拍摄计划进行到底了。《自由下落》这部影片是一个幸运的意外，有个令人意想不到的“大团圆”结局，是个很应景的小玩意。这次，她以她的才华和耐力挑战中长影片。我非常为她感到骄傲。

尽管《氮醉》[①]只是一部中长电影，但是通过它的拍摄我理解了为什么从事电影事业的人们会与世隔绝，一群人为了一个唯一的目标努力而忘记了所有其他的事情——家庭、友情和社会。他们沉浸在电影的世界中，他们只为电影而活，除此之外的东西都被舍弃。他们只为拍电影而紧张，他们沉浸其中，迷失其中。他们与现实世界隔绝，完全不把它放在心上。哪怕是后来拍电影会让他们穷困潦倒，将他们搁浅在灰暗的海岸上，他们唯一惦记着的依然是找回那种紧张而激动的状态。

茱莉

茱莉·戈蒂埃（Julie Gautier）1979 年出生。她父亲是越南籍法国人，是一名兽医，他酷爱海底捕鱼，致力于水产养殖，

① 优酷上可以看到这部小影片： http://v.youku.com/v_show/id_XNzEyMTE1NDg0.html?from=s1.8-1-1.2 很好看。

后来于 2002 年突发心脏病去世，当时 61 岁。她母亲是留尼旺人，是一名舞蹈老师。

在茱莉身上你可以看到这两个世界的融合。她是个非常优秀的自由潜水员，但是她对比赛不怎么感兴趣，和她父亲一样，她属于那种捕捞海产的人。她喜欢出海，然后带回当天收获的鱼，把内脏除去，在户外烤炉上烤熟。她喜欢这样供养她的家人，如果不能从潜水中获得什么东西来保证她所爱的家人的生计，那么她觉得潜水没什么意思。

她开始的时候学习体育，然后放弃体育读了水产养殖的硕士学位，为了追寻她父亲的足迹。但是事实证明，养殖茵鱼（这些热带的狼鲈）很难赚钱，她应该放弃，完全陷入绝望。

她的艺术感觉以及对肢体运动的兴趣则遗传她母亲。她之前跳过舞。然后继续将她的两大爱好合并，成了格雷戈里·科尔贝尔（Gregory Colbert）的艺术项目的水下替身演员。格雷戈里·科尔贝尔是加拿大人，他的作品卖给一些收藏家，并且在作品中探讨人与动物的关系。这样茱莉游历了世界各地，去过非常偏远的一些地方。厌倦了仅仅做一个逆光的剪影，她终于做了摄影，做了导演，但是依然保持了海洋这个题材。

2000 年，我在尼斯的自由潜水世界杯上遇到了茱莉。她当时 21 岁，我 18 岁。她光彩照人，看都不看我一眼，一句话也不跟我说，尽管我已经表现出很喜欢她，并且表现得应该还挺明显的。比赛中，我是负责安全的自由潜水员。她下潜到 45 米深，在返回的时候，她出现了“桑巴”，一种轻度的晕厥，为了把她带回到水面上来，我得把她抱在怀里。这是我们那次唯一的身体接触。

2004 年，我们在她的“地盘”上——留尼旺岛又见面了。我想试试我的运气，结果我被拒了，并且理由很强大：她当时有男友。

2005 年，茱莉到摩纳哥实习，在海洋博物馆，与她的硕士专业水产养殖对口。她在当地不认识什么人，就求助于自由潜水员网络。她后来和我们住在了一栋楼里，我们那栋楼正在变成诺亚方舟，还有点儿巴别塔的意思。

这艘诺亚方舟上，有两个正牌租客：自由潜水俱乐部的教练塞德里和我。我当时像个疯子一样地训练，在马塞纳中学（Masséna）做学监赚点钱维持生计。我们还收留了威乐（Wilo），他是我在留尼旺认识的朋友，我 2004 年打破世界纪录的时候他是负责我的安全员。还有客厅里，一个人无精打采地占着整个沙发，往嘴里塞着披萨，手里攥着 PlayStation 遥控器[①]，那是洛克，他赖在这里，情绪非常沮丧。

我还是那么喜欢茱莉，但是这次我没有直接说出来，而是和她保持着比较愉快的距离，表现得高冷些，我甚至有天晚上还带了个女伴儿回家。这个策略果然很好使，茱莉开始按照“你追我，我躲你；你躲我，我追你”的逻辑行动了。我的刻意保持距离以及冷淡的态度令她开始对我感兴趣了。几个回合之后，我达到了我的目的。

我高兴极了，感觉飘飘然，沉浸在刚刚坠入爱河的欣喜中，这份欣喜在我是非常明显的，就像写在脸上一般。当其他的房客让我最好再谨慎考虑考虑的时候，我会一遍遍重复：“就是她

① 日本 Sony（索尼）旗下的索尼电脑娱乐 SCEI 家用电视游戏机，现已成为最出名的家游产品之一

了，就这么定了。”

茱莉却宁愿把我视为一个假期情人，就像是一个临时工，她是不会为了我偏离她安提戈涅[①]（Antigone）的命运的。她实习结束就会离开了，然后她应该会回到留尼旺岛，重新经营曾经对于她爸爸来说非常珍贵的海洋农场。

分别的时刻临近了。不能让她自己回去，我就陪她一起。她也没有拒绝，只是专注于她的使命。我找了一个信任我的商业伙伴哈利法克斯（Halifax）。哈利法克斯是一个商业培训公司，我给他们做过几次讲座。

我口袋里装着 1 万欧元，无忧无虑地出发了。

我发现了她的世界。他们的族人共同生活在一起，互相影响。周围人讲克里奥尔语，气氛放松，热带的生活节奏，阳光普照。我感觉不在状态，非常不自在。随着我发现融入的困难等着我时，我又开始畏缩起来。我非常纠结，一方面，我爱茱莉，我愿意和她在一起，但是另一方面，在尼斯，我的训练即将开始，并且那里有我对潜水事业的追求，我不想放弃。还有我的朋友，家人以及我的“钱途”，钱或许算不上特别多，但是却也不断地让我银行账户上的数字增加，如果我再这样继续云游下去，账户里面的钱很快就会花完的。

茱莉意识到水产养殖还是不能再次重新开始，这是个非常繁重的工作。从法律的角度看局面混乱不堪，开办水产农场这件事是一个经济上的圈套，要立即停止。

① 安提戈涅，是希腊神话中的人物，俄狄浦斯与其母所生。她的名字的意思就是“代替父母”。这里指茱莉要回到留尼旺岛继续他父亲的海洋养殖事业。

我们的关系变得更加牢固了，但是一个在南半球一个在北半球，一个在西方，一个在克里奥尔，地理上的稳定性是不能保证的。所以我们不停地往返于两地，肯定是不稳定的。

我们在马尔代夫待了 4 个月。在水产养殖的任务领域，茱莉签下了一个生物学家的合同。我是她的助手，在我们工作的四季酒店，我的世界冠军称号没人在乎，在那里，我是那个漂亮的生物学家的助手（仅此而已）……

然后，艰难地，我们终于在尼斯定居了，在尼斯中心城区拾掇了一个位于五楼的小公寓，玛伊露出生了。如今，我们已经搬到了尼斯的山上，住进了一个位于二楼的公寓中，那是我们的避风港。

但是我们依然是世界公民，四处旅行。绝不养成宅在家里的习惯，绝不把自己关在令人窒息的蚕茧中。

我经常去参加各种比赛，这些比赛在希腊、巴哈马群岛、埃及举行。可以在完美的条件下组织比赛的地点是比较有限的。

茱莉和玛伊露尽可能跟我一起去，尤其是比赛时间比较长的时候。我们尽量在宝贝还没有入学的时候，多多带她出去。

我也经常短期出差，去参加会议，同我的赞助商的客户们见面，拍广告，与媒体见面，参加为自由潜水爱好者组织的集体培训活动等。

茱莉继续参加格雷戈里·科尔贝尔的拍摄项目。很快，我想，她就要去参加各种电影节了，去展示她的电影，我们的电影了。

我知道她非常想念留尼旺和热带的生活。我们设法经常去看她童年时代的珊瑚礁和海洋动物。

需要有个好的理由她才会下水。她下水既不为名利，也不为运动。她会喜滋滋地下去拍照片，但是她最喜欢的还是，带上一支水下步枪，将一把匕首插进勾在腿肚子上的鞘中，然后带回来一袋子在她捕食的路上遇到的鱼儿。甚至在尼斯，地中海里的资源已经比较贫瘠了，我的“女猎人黛安娜”还是可以从那贫瘠的海水中捞上来一些东西来犒劳我们的胃。

玛伊露

这或许听起来有些老套，有些粗浅，不过我觉得我们在世的唯一目标就是繁衍，延续物种，将我们的骨肉带到这世上来，这样人类就可以不断延续下去。

在这方面，巴尔雅韦尔[①]启发了我。对于他而言，生命从生命中得到滋养。唯一重要的事情就是将我们被赋予的生命传递下去。

对于一个活着的人，我们应该相信生命将不会在我们这里停息，会一直延续下去。

我获得了一份礼物，生命的礼物。轮到我将它传递下去了。

我们感觉可以控制我们的存在，可以决定自己的命运，可以将自我意志的主动权牢牢握在手中，但是不过是自欺欺人而已。身体诱导着我们，我们都不知道怎么就沿着我们从未想过的轨迹运行了。比如，爱情不过是自然的圈套为了保证人类的

① 勒内·巴尔雅韦尔（1911.1.24 – 1985.11.24），法国作家，记者，评论家，他的书在法国非常受欢迎。

繁衍和物种的延续。

我不是个迷信的人，我在潜水前不做什么特殊的仪式，也不供奉我的潜水服，脚蹼和绳索。我不相信什么迹象可以让我们从中预知危险。然而，我却禁不住要提起那些幸福的巧合，它们预示了我们的宝贝女儿的诞生。

1）2011 年 5 月 6 日，23 点 30 分，玛伊露被孕育了。当然了，我们当时一无所知。年初，我挑战自己，坚持每天写博客，题为“每日一图”。我强制自己每天拍一张图，或者是与体育相关的，或许与体育无关，或许是跟海洋有关的，也可能跟海洋无关。Instagram[①]那时还没有如今的规模，但是性质是一样的。

当时是晚上，我到街上去散步寻找想法、直觉、或者一个微笑、一个幻想、或者一颗流星什么的。但是毫无灵感，我回到家里。在门口，一片昏暗中，我看到我们两个的冲浪板交迭地放着，贴在墙上，在电表的下面。我觉得它们这样错位状态挺好玩的。我就拍下了这一幕，将它贴到了我的网站上。几个星期后我发觉我的冲浪板上的商标是一个圆里一条蛇在扭动。就像是一个卵子和一个精子……

2）茱莉去泰国拍片。当时她和团队所有人一起来到海滩上。她准备钻到水里抓些鱼。大家把背包，大概有二十多个，都放在了椰子树下面。而一堆书包中，茱莉的书包，唯有茱莉的书包，被一只母鸡选中了，在上面下了个蛋。她拍下了那只刚刚下的蛋，通过彩信发给了我，并且还写了一句话，加上一个笑脸：“这会不会是一个征兆？”

① Instagram 是一个免费提供在线图片及短视频分享的社交应用，于 2010 年 10 月发布。

3）我们在尼斯。茱莉像往常一样去游泳，没有什么确切的目的，只是为了游几圈凉快凉快，为了享受海水经太阳一晒在皮肤上留下一层盐的那种愉悦，为了轻松慵懒地潜个水。当然了，作为大海里的淘金者和美妙东西的采集者，她盘点了一下水底的宝贝们，就像我们翻旧牛仔裤的口袋一样。那天，就在怀孕前几天，她见到一个小宝盒，金色的，就像在童话故事里一般。在海滩上，她打开这个小盒子，里面一只小鱼正笨拙地游泳呢……

10

适应（上升中）

想要呼吸

就在上升的最初阶段，从水下 125 米到水下 70 米左右，氮醉感渗入我的神经，引起一连串阴郁的感觉，出现幻觉，与现实脱节，这种幻觉将我带到距离导绳，这种高科技制作的导绳许多光年之外。这个幻觉的巫婆让我仿佛生活在电影中，至于是喜剧片还是恐怖片，这个不好说。然而，我继续将手臂在头顶上伸直，以一种极大的耐力，慢慢竭尽全力地摆动着脚蹼。

我令我的身体处于一种自动驾驶状态。

我远远地平静地看着我的工作工具在大海的虚无中起伏，伸展地柔顺地摆动着，以便将我们推向高处，我们是从那儿来的，也要回到那里去。

此刻，我的体内存在着三个我：作为观察者的超我，工作中的我的身体，还有不羁的疯疯癫癫的潜意识。

一点点我的身体重新获得了力量，开始体现它的需求。在水下 60 米附近，我感到非常想呼吸，腿发烫，我带着一种嘲弄和自虐的方式给我的肌肉通火。

从出发开始这是第一次我的身体让我知道我不是鱼。这种回归理性的感觉非常不舒服，我倒希望我的皮肤上长出鱼鳞来，感觉像个海洋动物一样。

这两个信息穿透氮醉给这种运动蒙上的烟幕，令这些力学方面的困难暴露出来，不过不应过分夸大这些困难。

想呼吸？嗯，是的……尽管我可以静态闭气 7 分钟，但是在运动中的自由潜水显然要消耗更多的能量。单蹼可以证明这一点……不过不应因此认为那是开始恐慌了，像那些新手的脚蹼一样。有些新手下潜到 5 米深处，就开始看阳光普照的水面，突然感到被一种窒息感掐住了喉咙似的，这种感觉促使他们赶快浮出水面，就像是魔鬼在后面追他们似的，而从技术的角度来讲，根本没有什么东西迫使他们浮上来。

10

是二氧化碳的含量引起了这种需要。我们的身体察觉到开始窒息，原因是二氧化碳含量的升高，同时氧气含量突然地正常下降，虽然后者的数量完全可以维持这个时刻的身体需求。

腿感到灼热？这是由于乳酸含量上升。我消耗能量却不供给氧气。因此出现了厌氧的状况，就像玛丽—约瑟·佩雷克（Marie-José Pérec）在跑完 400 米之后一样。在其他的运动中这种感觉是可以避免的。但是在潜水中，情况比较复杂，因为我的身体处于潜水反射中，并且氧气和血液都集中在核心部位，离开了手脚这些身体部位。所以手脚就抗议了，“发火”了……对付这种情况唯一的办法就是耐心、等待和保持距离。

不要去抗争

为了忍受这两大灾难，应该立足眼下。尤其不可以想象自己浮出水面，不可以想象吸上一大口新鲜空气，不要活在对另一个事物的希望中。

在潜水中，没有什么办法去舒缓压力，抚慰挫败，减少等待。你就在那儿，不在别处。你要利用这个机会，珍视这个可以远离一切的机会，你在水下 50 米深处，距离人间烟火 50 千米，距离所有的急救站也很远，距离居住着理智的人们，普通的人们的地球十万八千里。但是你却处在一个你所创造的世界的中心，处在水下冥府中，你坚持要下潜到这里，就像深入地府去带回欧律狄刻，但是不可以回头看的俄耳甫斯一样。

事实上，就是这样的。你应该像俄耳甫斯一样，不可屈服于世俗的欲望。

应该将这些信息整合在一起，明白它们所提出的这些问题在到达水面之前是无法解决的。尤其，应该视这些已知情况为无能为力的事实，不为其所干扰，尝试去看目前这种状态下好的一面。

腿感到灼热才好呢，因为那本身就表示潜水反射在起作用；想要呼吸的感觉再次出现才好呢，因为那证明水面临近了。况且脾脏的收缩就要开始了，从而释放出红血球，这样可以储存更多的氧气——这是一种适应深水环境的生理现象，是我们同我们的表亲们——海洋哺乳动物所共有的。

适应形势

2011年在卡拉马塔。从比赛开始就一直没有风，天气好极了，晴朗而柔和，希腊的海上波光粼粼，让人不禁想和一个像让端木松一样的游泳者翱翔在哲学的海洋中。但是后来变天了，秋天提前不请自来了，一阵风打破了比赛所在的平静的水面。

并不是因为比赛的路线是垂直的，入水之前水平方向的情况就不重要。潜水员都不善于在大风大浪中撑船，都喜欢小风、和风以及如镜子般平静的水面。他们的兴趣跟那些玩帆船的，风帆冲浪的或者风筝冲浪的恰恰相反，后者恨不得东北风[①]把牛角吹掉，西北风[②]把牛的内脏吹出来，信风把棕榈树的叶子都吹光。

下水之前潜水员需要心情放松，而这想法和波涛汹涌的大海不怎么协调。海浪啪啪的声音让阀门发出尖锐刺耳的响声，而为了保持内心的平静需要将它关上才行。

10

我已经知道了会有暴雨，因为天气预报已经精确地预报过了，我独自一个人走到一边去。当习惯被打乱时人就会产生消极情绪，从而看不到可以抓住的机会，我控制住这种消极情绪。

世界锦标赛不是试图打破纪录的比赛。你需要在指定的时刻下潜，哪怕是台风取道基克拉迪群岛。你只有一次尝试的机会，你要预先宣布选择挑战的深度。参赛选手根据他们所报的目标深度由小到大的顺序参加比赛。

① 保加利亚沿海和博斯普鲁斯地区夏天的突发东风或东北风。
② 密史脱拉风（法国南部及地中海上干寒而强烈的西北风或北风）。

我猜特鲁布里奇（Trubridge）和莫查诺夫（Molchanov）想挑战 118 米，所以我宣布挑战 117 米。这样我就可以排在他们两个前面了，非常期待可以赢得这场心理战，给他们致命的一击。

潜水是一种涉及心理有时甚至涉及精神的体育项目，每个人都要与自我相遇，但是它同时也是一项对手相互遭遇的运动。我尽管对战争不怎么感兴趣，但是我并不讨厌战略战术。

为了驯服这个白浪滚滚，波涛汹涌的大海（而她平时是那么平静），我决定先下水，将这个海上蹦蹦床当成舒服的水床。

我决定采取积极的态度，心甘情愿地对付这糟糕的命运。我任由海浪摇晃我的身体，任由咸咸的海水啪啪地打在我的脸上，我只当它是浴疗。或者更好一些的办法是，我就认为躺在由海浪摇动的摇篮中，或者像摩西一样，相信河流的漩涡会为我的柳条篮子保暖的。

来回非常顺利。我达到了 117 米的目标深度。我的两个对手在等着参加比赛，他们意识到水面不会恢复平静的，脸上愁云密布。看到这一幕，我就知道赢定了。

特鲁布里奇在潜到 105 米深的时候折返，莫查诺夫在浮出水面的时候出现了轻微的晕厥。如果有来世，我要是再潜水，我就把暴风雨装到袋子里带到比赛场地为我助阵……

我们亲爱的表亲

潜水是一种可以让我们同我们伟大的祖先重新建立其亲属

关系的一种方式，这些伟大的祖先——海洋哺乳动物——一直都是我们所喜爱的榜样。随着对潜水中人的行为的研究，已经揭示了一些我们同海洋哺乳动物的相似性：

1）潜水反射。洛克·勒弗尔姆参与了一些兽医方面的研究，在这些研究中，人们将人类和海狮的潜水反射相比较。唯一的差别在于，海狮的这种生理机制开启要比人类快。

2）过度换气以及强大的呼吸能力是无用的。抹香鲸离开水面的时候肺里是空的，它下潜最深的可以到水下 2000 米处。所以在入水的时候储备大量的氧气是没用的，重要的是中耳平衡以及潜水反射。

3）单蹼的好处。起初，恒重自由潜水员是使用双蹼，后来单蹼成为必选，它非常像抹香鲸的尾巴，更不用说相同的波浪形的运动方式了。

海豚

10 我讨厌看到被关起来的海豚。有一次我应一个电视摄制组的要求去昂蒂布海洋世界，我再也不会再踏足那里了。

在海豚观赏区，海豚们患有非常严重的抑郁症。这些了不起的旅行者们非常好动，它们呆在笼里是不会开心的，哪怕这笼子是金的。我甚至还参加了一些反对海洋公园的游行。

2006 年，我和茱莉回应了一个日本自由潜水员凯滋的邀请。我们的这位朋友开始做围绕海豚的旅游事业，但是他希望让海豚处于自由状态，只有在特定的地方，特定的时刻才可以靠近它们，并且为游客制定了非常严格的行为准则。

我们早晨 8 点钟坐船出发了，离开了东京，到了一个很像侏罗纪公园的火山群岛上。岛上尽是热带草木，悬崖上也都爬满绿色的植物，瀑布一泻而下流入海里。岛上只有一个很小的钓鱼的港口。我们这是在御藏岛，距离喧嚣的东京有十万八千里。

一群海豚出现在附近海域。凯滋跟我们简要地说了一下禁忌，就像是快速简略地给我们讲共同生活应该遵守的社交礼仪一样。第一，不可以摸它们。不要冲着它们就奔过去了，要放松些，放慢脚步；第二，要辨别出海豚日常生活的三个阶段，它们睡觉或者进食的时候离它们远点儿，可能的接触只能在它们游戏的时间段里。

我和茱莉下了水。我们非常兴奋，试着隔开很大一段距离跟着它们。它们成群结队地游着，一队有 20 只左右，我们用眼角的余光看着它们。

我们最后明白了，冷静下来，采取一种更加中性的态度，不要过度热情，更加亲切些，更加发自内心一些，会拉近我们和海豚的距离。然后就可以建立一种真正的交流了。海洋哺乳动物尤其是海豚拥有一定的智商，甚至可以和我们人类相媲美。鲨鱼则和它们恰恰相反，鲨鱼的智商是非常基础的。是敌还是友，这是它们脑子里出现的唯一问题。

这有些老套，不过和一只海豚的相遇真的是非常震撼人心的。一种交流在我们之间发生了。

我和它们中的一只单独相处。我感觉它在朝我微笑，甚至最后就放声大笑起来。并且我觉得它的模仿能力也是天生的，我转身钻入水里，它也钻入水里，并开始围着我打转转。它很开心，想和我交流，似乎很愿意带我进入它自己支配的游戏中。

我承认海豚有一种特殊的天赋，与其他的海洋哺乳动物不同。我也和儒艮（译者注：也称海牛、南海牛、美人鱼）一起游过泳，这些海牛满足于吃吃喝喝、游泳、潜水、吐气。和儒艮的接触有点儿像和赛莱尔牛或者诺曼底牛的接触一般刺激，虽然都是食草动物，儒艮有那种讨人喜欢的大狗熊的气派。

天不怕地不怕的鲨鱼

近日，人们对鲨鱼的惧怕增加了，尤其是在茱莉的家乡：留尼旺。最近一些在海滨浴场游泳的人遭受到鲨鱼的袭击，付出了惨痛的代价，人们常常将鲨鱼描绘为吃人的鱼。

在可以理解的恐惧心理之外，重要的是观察鲨鱼的复杂性，列出在面对鲨鱼的时候应该保持怎样的态度和举止，并试着去理解为什么这种食肉动物，在非常清楚与人类的力量关系对比的情况下，还是会偶尔出现越界行为。

埃及，2005 年

这是我第一次和鲨鱼接触。那天，我遇到的是长鳍真鲨，一般被称为远洋白鳍鲨，体型很漂亮，并且天生鱼鳍很大，鱼鳍的样子有点儿像人类的胳膊。得益于它们的身材，这些鲨鱼长得非常漂亮，它们日子过得很宽裕，并且更喜欢独居。但是大多数的鲨鱼不是这样，它们是群居的。

我们的船朝着公海航行，鲨鱼们发现了我们，游了过来。

它们不知道眼前这个小船是何物，察看着它，有时最后还会撞撞它试试它的反应。

人们经常见到一些鲨鱼会撞击靠近它们的水下摄像机沉箱，里面的摄像机有铁栏保护着。

其实，这些食肉动物并不是特别喜欢吃人肉，人肉根本算不上它们偏爱的菜肴。它们有点儿像海底秃鹫，喜欢狼吞虎咽那些坏掉的鱼以及还在动但是奄奄一息的动物。

可能这些鲨鱼牙齿动一下就能给游泳的人带来非常危险的伤害或者会咬下一块肉，造成失血，而失血状况可能会恶化，引起截肢或者死亡。但是这往往是意外或者由于鲨鱼失控的反应造成的，而不是故意的袭击。不过这当然不能令那些受到了鲨鱼袭击的受害者们安心了……

遇到鲨鱼的时候要遵守的规则就是不要表现出害怕。这有点儿像遇到狂吠的狗。鲨鱼会像闻到血腥一样闻到你身上的不安。它们有一种高度发达的嗅觉可以引导它们走向猎物。

你得能够以无所畏惧的沉着态度和慎重的行为来应对它们。这种良好的自控能力在深度潜水方面也非常有用。不过这种沉着冷静的行为方式，你安静地坐在港口边的小酒吧里时说说容易，真要在紧急关头不哆嗦地做起来可要难多了，尤其在你从来没有遇到这种动物的情况下。

重返埃及。

到达了目标水域，我下了水。当看到鲨鱼出现的时候，我的肾上腺素升高了。不可以流汗。因为内心的不安而流汗，一滴都不行，因为鲨鱼会感觉到。

我的想法就是面对。我在水下几米深处，自由潜水状态。我立直面对它，就在海里，仿佛我是站立着的。我伸直我的脚蹼，张开双臂。重要的是不要鬼鬼祟祟的，而是要形成一个明确的态度，光明正大地站在那儿。

笔直得如同骑士雕塑一般，我朝它靠近。它也从我正面过来，在距离我两三米的地方停下来，然后游走了。它又回来，开始绕圈，并且圈越绕越小。当它近到我都可以清楚地看到它时，最好开始考虑和平撤退了。

乌韦阿岛（Île d'Ouvéa）

我和茱莉来到这个美妙的小岛上住了几天。它隶属于新喀里多尼亚的洛亚蒂群岛[①]，不要一提起这个地方，就觉得只有洞穴时代以及法国国家宪兵特勤队 1988 年对美拉尼西亚独立分子的袭击[②]。

乌韦阿岛是一个非常迷人的地方。皮埃尔·考武玛（Pierre Kaouma）告诉我他们在这里怎么抓鱼的。他和妻子有个小房子住，平时潜水抓鱼养家糊口并招待客人以及寄宿在他们家里的人。

他到鲨鱼中间去狩猎，这种做法在南部海域非常盛行。鲨鱼被晃动的垂死的鱼所吸引。危险的时刻就是当鱼还在箭头上垂死挣扎，而潜水者还没有回到岸上的时候。这种长着一口锋利的牙齿皮肤粗糙的贪吃鬼，其贪得无厌的程度是令人吃惊的。

① 洛亚蒂群岛（Loyalty Islands），大洋洲、南太平洋地区岛屿，是法属海外领地新喀里多尼亚的石灰岩珊瑚岛群，在太平洋西南部。由乌韦阿岛、利富岛和马雷岛(Ile Mare)等组成。

② 应该指的是 1988 年土著为争取独立劫持法国宪兵干预队的事。

一旦它拿到了你的鱼饵，两分钟之后就会只剩下鱼骨头了。

在乌韦阿岛，我在水下 15 米，躲在一块石头的后面，伺机狩猎。我瞄准了一只大鱼 mékoua。我一刺破它的鱼鳞，鲨鱼们就突然赶到了。大概有 15、20 只的样子，它们只为一件事来，那就是大快朵颐。

人们到海里钓鱼的时候都是自由潜水下去。这可不是体育运动，水肺潜水是被禁止的。并且都是两个人一起去。在地中海，水面上设有哨兵，确保捕鱼的人不会被鱼拽走直至氧气消耗殆尽。在有鲨鱼出没的海域，最好三个人一起下去，总要有负责安全的自由潜水员，就像在地中海，还有一个带着一字刨捕鲨鱼的。一字刨是一种带钩的篙或者一根长棍子，通常是用于使船离岸的。他会用鱼饵诱惑鲨鱼，然后袭击它们的吻部。

在被打过几次之后，鲨鱼们知道了这个东西不会给它们带来好处的。有的时候，它们会抵抗。那么就需要继续迎战，使劲儿猛击，这样才能得到鱼翅用来烧烤。

在新喀里多尼亚和留尼旺，需要当心的鲨鱼是虎鲨和獒鲨。它们成群结队，并且体积都很大，可能会非常危险，而暗礁处的鲨鱼要更容易对付一些。

当心鲨鱼袭击和椰子坠落

两年来一场关于该如何应对留尼旺岛频发鲨鱼袭击事件的论战在海洋研究界愈演愈烈。

我必须承认我对一些代表、大众甚至一些运动员和一些冲浪者对这件事情的反应感到吃惊。我理解那些家庭的惶恐不安以及在这样的情况下失去一位至亲的痛苦。但是不应该如此把责任全推到鲨鱼身上，而是更应该思考一下我们同动物的关系。在夏威夷和澳大利亚，鲨鱼袭击是家常便饭。生活在那里的人们通过宣传活动了解到进入到一个不是我们的地盘的地方会面临的危险。

为了让人们安心就对相关海域的鲨鱼赶尽杀绝不是解决办法。自负的人类啊！

几百万年以来，这里就是鲨鱼的家。生态系统中已经建立起一个巧妙的平衡关系，在这个系统中遵循大鱼吃小鱼的原则。而人在这里戏水，发现了冲浪的快乐，就想将大海据为己有，将所有干扰他们快乐时光的生物赶尽杀绝。

我们不是在自己家里。海洋是大自然，是野性的，它本身就带有危险性，应该是我们适应这个环境。杀掉鲨鱼就像为了确保在非洲旅行的安全而消灭非洲草原上的狮子和犀牛一样。

在人和鲨鱼之间，谁为刀俎谁为鱼肉并不像我们想的那样。

每年平均有近乎 1 亿只鲨鱼被杀掉。自从人类进行密集捕捞之后，95%的鲨鱼就消失了。鱼翅羹在很多地方依然在以高价出售，如今生态平衡已经岌岌可危了。如果鲨鱼消失了，整个食物链就会失衡，而大海就会陷入巨大的危险中。

因此，没错，确实一名游泳者或者冲浪者由于受到鲨鱼袭击丧命非常不幸。但是对一种濒危物种赶尽杀绝并不能解决任何问题。因为被椰子砸死的人比被鲨鱼袭击致死的人数量更多。

马约特岛（Mayotte）上自力更生

我们有一个想法：在隶属于马约特群岛[①]的这个小岛上自力更生地生活，就像鲁宾逊一样。我们和朋友们一起睡在帐篷中，他们带了补给和食物。

而我和茱莉只带了我们的水下步枪，这令这次野外生存更加有趣了。我们发起了一个挑战，非常简单，就是：不捕鱼者不得食。

这个问题很快就解决了，我们抓到了满满一抱鱼，每天 15 千克，足够我们这一群人吃的了。作为一名喜欢姿势优美，优雅而训练有素的下落的自由潜水员，我和来自远古的女猎人加采摘者组成了理想的联盟。旁边有个茱莉这样的捕食者，我们不用担心吃的不够了，并且鲨鱼们也遇到对手了，要收敛收敛他们的自以为是了。

达尔文主义以及造物原则

我接受的是笛卡儿主义的教育和无神论的文化。长久以来我都相信我们所经历的都毫无疑义，遵从达尔文主义进化，在人死之后，只剩下一片空虚。

而如今，我自省，我以开放的态度接受各种假说，以及各种其他的或然判断。

最根本的问题涉及生命的起源。到底物质的本质是如何

① 马约特岛是法国的海外大区，下辖一个省，即马约特省。马约特岛包括大陆地岛、小陆地岛以及周围一些小岛。

创造生命的呢，人们在实验室为何一直不能成功地复制这个过程呢？

首先，生命最早是在海底深处诞生，在温泉的泉眼附近，这里富含氨基酸和矿物质，也就是著名的“原始汤”。而生命是如何诞生的呢？这个还依然无解……

莱布尼茨[①]1740年的时候提出了这样一个问题：“为什么世界上会有物存在而不是一无所有呢？”为什么呢，难道是从整个的这个无生命的物质中，一些东西活了？为什么呢？为了为我们所用吗？这到底仅仅是个偶然呢？还是在所有这一切的背后隐藏着一种意志呢？为什么从无中却生出了有呢？为什么是从简到繁而不是相反，从繁到简呢？

如今是一个科学、哲学和灵修相交叉的时代。这使我可以了解到宗教是如何回答有关过去和未来的问题以及它们之间的关系的。

我思索关于宇宙是个伟大的建筑师或者在人类和自然之外还存在一个意志的问题。

这个问题太有趣了。宇宙是由15种属性所支配的，这些属性被称为自然的基本恒量（如光的速度，电子的质量，万有引力常数等等）。除此之外，还有宇宙开始的时候的物理状态，也就是初始条件（物质率、在宇宙大爆炸的时候的膨胀率等等）。

如果这些参数有一个参数略微有些变化，就不会形成我们所熟知的这个宇宙了。生命诞生所需的这些条件也不会具备了。

① 戈特弗里德·威廉·莱布尼茨（Gottfried Wilhelm Leibniz，1646年7月1日—1716年11月14日），德国犹太族哲学家、数学家，历史上少见的通才，被誉为17世纪的亚里士多德。

我们是大量连锁反应以及因果关系的结果，如果这些参数中的一个哪怕只是有微小的变化，我们也不会诞生。比如：如果宇宙的初始密度太小，那么万有引力就不够强大，无法使氢云和氦云崩塌，产生星星——这些产生碳的工厂。没有星星，没有星星的粉尘，就没有生命。

在这个领域，郑春淳向我们解释说，“人类原则”[①]被科学界所接受。根据这种学说，“宇宙恰好具备了产生一种可以有意识和智能的生物所需的条件。”

然后各家意见出现了分歧。郑春淳本人也坚定地捍卫“人类原则”。这种理念认为在世界上存在一个超存在物（译者注：如神）。

大多数的科学家都一致认为，所有这一切都仅仅是偶然的结果。存在很多的宇宙，只不过我们的宇宙碰巧具备了生命形式诞生所需的条件而已。

我比较纠结。我接受的笛卡儿主义思想告诉我偶然是唯一理性的解释，但是我依然对郑春淳的假说着迷：

“我反对偶然的假说……我无法想象这个世界所有的美丽，和谐以及统一都仅仅是偶然的结果。……我觉得需要像帕斯卡一样打赌，一定存在着一个造物主……但是这是科学无法体现的公设，涉及形而上学的层面。”

生命随着发展而变得越发复杂。开始细胞为了吸取养料的目的而分裂，后来细胞的功能就开始增加了。

① “人类原则”（Le principe anthropique）认为由于诸如人类这样的智能生物的存在，宇宙一定是和他们的存在相兼容的。

生物对环境的适应能力是非常厉害的。比如，自由潜水之王的抹香鲸，可以潜到水下 2000 多米，它天生带有一种鲸蜡，位于吻突处。带有鲸蜡的器官用于帮助鲸鱼调节浮力。在下潜之前，在这个器官和鲸蜡之间的冷水会凝固，31 °C 以下结晶。密度增加可以让抹香鲸更加轻松地下潜。

在追逐猎物的过程中，氧气消耗产生的热量使鲸蜡融化，这样会增加浮力，令抹香鲸更容易地上升到水面。可这竟然是天生的，其巧妙令人困惑，我无法坦然地告诉我自己达尔文主义是唯一的解释，这种优秀的奇迹仅仅是偶然，是不断地尝试修正，物竞天择的结果。

或者，我们回到拉玛克[①]，他认为，为了更好地适应环境，生物是有意识地改变机体的。

认为这一切纯粹是偶然的解释是最没意思的，并且也不符合人类的推理逻辑。不过这却是如今占主流的解释。最近一项发现可能会将迄今为止被认为非常合理的理论推翻。

所有这些问题都促使我走向新的台阶，让我看到时间的无限。时间的无限让我们走出自己的窝窝，走出我们过于人类的处境，在我们的面前一页页地展示出子子孙孙无穷匮也的世代永恒的场面。

佛教

佛教既不回到从前也不是展望未来。恰恰相反，智者活在

① 拉玛克（Lamarck ）(1744.8.1 – 1829.12.18), 法国自然主义者，是“进化是遵守自然法则发生和进行的”这一观点的早期拥护者。

当下。它关注的是脚下的路，而不是要去实现的目标；是可以抵达的地平线，而不是无边无际的天空。

很长时间以来我都将佛教的盛行视为时尚流行的结果，这种时尚席卷了去基督教化的西方世界。冥想、食素、瑜伽以及不理会外界琐事的超脱的态度都很受欢迎的。

在自由潜水领域，尼斯学派是响应梅约的瑜伽哲学以及《碧海蓝天》中的追求的哲学境界的。克罗德和洛克很鄙视这种灵修趋势（我们最初的一批自由潜水员中有些人沉浸其中），谈到它时，嘴角上不禁浮现出清浅的嘲笑。

可以说我对这些东方的思维方法是免疫的，并且以强大的内心和玩世不恭的理智抵抗它。

2011 年，是茱莉的哥哥，塞巴斯蒂安让我对这种灵修感兴趣的。他不属于任何派别，虽然他遵循藏传佛教的教义。他追求内心的平和，那是一定要经历认知的路才能达到的。

在法国逗留的几天里，我陪他一起去了一座寺庙。那里距离尼斯 2 小时车程。我们在寺庙里待了四五天，冥想，做瑜伽。这使我接近佛教，并从中找到了佛教同我的体育活动的相通之处。

为了达到目标，智者不会盯着路的尽头，而是会拥抱途中的每一个阶段。并且他会努力同自己的欲望保持距离，就像同他的最终目标保持距离一样。

千里之行开始于第一步，最后的结果也不只是这些步子的总和，不过这一切都是一点点儿，一步接一步地完成的，并没有一个事先的总体概念。

在水下，我自己也应该避免老想着结果或者回想没能实现的事情。我应该集中精力在此刻，将其余的都抛之脑后。

宗萨钦哲仁波切在《正见：佛陀的证悟》一书中寻求推进一种非宗教派别的灵修方法。这本书让我更好地领悟到了这种方法的真谛。对于宗萨钦哲仁波切而言，佛教同其他宗教的根本区别在于对四大原则的尊重和理解，即："一切和合事物皆无常，一切情绪皆苦，一切事物皆无自性，涅槃超越概念"。

事实上，这种思想提出了世间最根本的问题。现实不过是对我们所感知到的东西的一种解释。所以这种现实是有相对的现实。

我对那些崇拜活佛的宗教没有兴趣。我并不需要与一个化为肉身的大师，一个非常强大的人物，一个终极的唯一的参照物进行认同。佛教本身不要求完全的皈依或者绝对的相信。他让你反思自我。

一切都是佛而什么又都不是佛。

瑜伽，是一种运动中的冥想。佛教徒试着通过令心绪平静而抵达存在本身。重要的是超脱自我，察觉他对外物的看法，不要评价。

冥想可以治愈现代病，长时间压力以及多任务导致的多动。如果你可以拿出 15、20 分钟的时间冥想，就可以停止劳神，让心灵停止战斗。在一段时间的潜伏，休息、放下一切之后（在这段时间里，思考变得慢了，并且最终消失在了云雾中），你会感到内心的平静。

我每天早晨都以瑜伽的拜日式开始一天。这是我和自己的约定。

我根本没有意识到，我一直以来都是非常接近佛教思想的。有一天，我在山区的一条河里游泳，我意识到河里的水从不相同。这条河流的概念、名字一直都没有动，但是每一刻流过的水分子都是一个新的水分子。人永远不会在同一条河中，同一个湖里，同一个海里游泳……万物皆无常……

11

安全（水下 30 米）

接近水面

离水面越来越近了。我在水下 30 米，外面的花花世界又重新开始渗入我的血液中。

昏暗渐渐消融了。阳光又出现了，犹犹豫豫地，就像艰难地刺破天空的雾蒙蒙的黎明。

身子开始回暖，一种很舒服的感觉令肌肉放松下来，特别是在地中海，在热带这种感觉差一些。

下潜的时候，我可以大概知道在水下多少米，而相比之下，在上升的过程中，由于氮醉的影响，感受是模糊的，意识是混乱的，所以需要磨炼感知能力。

周围环境颜色的变化以及随后发现负责安全的潜水员来迎接你，他们的腿在你的上方踩着水，像章鱼一样向你伸出友善的“触角”，这些可以帮助你定位，到了这一步你就知道了，这次探险接近尾声，马上就可以解放了。

感到想呼吸是另外一个快到水面的标志，你内心感到这种要求非常强烈。这个感觉不会骗你，它证明时间的流逝以及肺的要求不久就应该会得到满足的。

在接近水面的时候，要注意不要过度高兴，那会引发类似赛跑运动员在接近终点之前出现的一些症状。

我的表现有点儿像那些快要靠岸的船只，但是依然按照惯常的速度行进。这些船只以为已经将剩下的任务交给港口的领港员了，可领港员却让他们继续努力，还没有到达港口，下锚还远着呢。

负责安全的潜水员

在训练船上以及比赛期间的平台上都有一支救援队准备好迎战。

这支救援队的职责就是待在船上，调动安排事情。救援人员会使用救生器材，能够进行心脏按摩。他们监控测深器，以便跟踪潜水员的轨迹，控制潜水员紧急升水系统的制动装置。

三名负责救生的自由潜水员下水。从前，还有水肺潜水员参与其中，但是太笨重，太约束了。

有两名救生员会在水下 30 米左右的地方接参赛潜水员，然后陪他一起浮出水面。我们的救生员知道如何应对晕厥，如何将手放在发生晕厥的潜水员的嘴上来阻住气道，然后把潜水员夹在腋下以最快的速度将他拖到水面上来。

第三名救生员带着透气管和呼吸面罩在水面上等候。他跟踪事态的发展，充当水下的救生员和船上的救生队之间的中介，传递信息。

在尼斯，有两个人尤其和潜水安全相关，并且他们已经锻炼出了独特的能力。

弗朗索瓦·戈蒂埃（François Gautier）是一名身经百战的潜水救生员。他具备国家颁发的潜水证。他教授自由潜水，组织比赛和深水训练队。他到处都旅行。他陪我和洛克训练以及为打破纪录做准备。他非常清楚要克服的困难。我认识他已经有 15 年了。我记得当我们开始潜水的时候他带着嫉妒的眼神看着我和于连，他也才刚刚开始。他嫉妒我们属于尼斯学派，梦想着靠我们的关系加入其中。我对他则是无条件的信任。

马里克（Marick），27 岁，是潜水界最受欢迎的潜水救生员。他曾经把一名参赛者从 33 米的水下救上来，这可不是件简单的事情，因为晕厥更多是在接近水下 15 米、10 米的时候爆发。马里克远近闻名，深深被大家所赏识，世界各地不同比赛的组织者都请他过去帮忙。作为一名教师，他一般会安排好时间以便可以参与这些比赛。他是尼斯学派的奠基人之一。

和守护天使的约会

为了知道什么时候去接参赛潜水员，救生员会将我们叫做“导绳”的绳子攥在手指之间，因为在海底世界就像面对一群吊死的人，我们不说“绳子”，不吉利。这个支撑“配重”的导绳传递的振动最小。

只有一种情况下，参赛潜水员可以拉导绳，那就是在他取下标记牌开始返程的时候。所谓救生员“攥紧”导绳，意思就是他会非常仔细地监测导绳，以便确切地知道还有多久就要去迎接参赛潜水员了，他是不能迟到的。测深器的提示也会传达同样的信息。

当他知道我到达水下 125 米时，马里克心里就明白了再过 15 秒他就要出发了，要在我到达水下 40 米的时候，提前到 30 米处。

潜水是一种独自的、孤独的体验。我们独自下去，再孤零零地从下面回来，并且为此感到自豪。但是不可否认，在水下与救生员相遇时，我心中会感到很欣慰。我会走出出发时要去寻找的那种独立的生存状态，那种自给自足下的封闭状态，当我重新发现一个活人，再次变回社会人的时候，我的内心是喜悦的。

有些潜水员喜欢救生员喉咙里发出声音，就像圣伯纳犬的叫声一般，只是脖子上不带装朗姆酒的木制瓶子。这些声音完美地传到水下，它的好处就是可以把人从氮醉中叫醒，可以提神，我们知道有可靠的人保护着我们，出不了什么大事儿。

当我遇到我的守护天使的时候，如果挑战成功的话，我就想露出脸来，微笑，冲他们打手势，想攥紧拳头。

这同时也是一种方式来表示我处于戒备状态，并没有完全从氮醉可能引起的混混沌沌的状态出来。

这还是一种我感谢他们为我操心的方式。他们不是维修人员，不是像机器人一样冷冰冰的技术人员，或是无关紧要的陌生的身影，他们是我们友善的朋友，和我们一样对潜水有相同的热情，他们可能更喜欢自己去潜水呢，但是却利用自己的空余时间来帮助我。这就值得我向他们表达我的感谢之情。

但是注意不要分心。在我试图挑战水下 127 米的纪录没能成功那次，我遇到马里克。我感觉很好，精神状态不错。我对已经取得的成绩挺满意的，我冲他吐着舌头，露出大大的微笑。

我松劲儿了吗？我高兴太早了吗？不管怎样，我在到达水面的时候稍微有点儿失去意识，马里克救了我，他和我一样因为在最后一哆嗦的时候失败感到气恼。而 85%的晕厥都发生在到达水面的时候。

晕厥的临床分析

晕厥是一种落幕，有点儿像电脑出故障但是没有伤到硬件。身体断电几秒钟，但是核心部位不会受到影响。在机体中存在一些传感器可以令“保险丝融化”，以保护重要的器官：大脑。经历晕厥的人如果在三分钟之内苏醒过来，就不会留下什么后遗症。

在自由潜水中，如果你挑战极限，这种失去意识会经常发生，比如奥地利的赫伯特·尼特奇，他就是一位经历过晕厥或者还会再经历晕厥的一位自由潜水员。起初，他不停地出现晕厥，因此他想停止潜水了，厌倦了每次稍微有点儿投入的尝试之后就会出现晕厥的情况。捷克的马丁·斯坦帕尼克（Martin Štepánek）劝说他换种做法，改变训练方式，以更多的耐心投入到这项活动中来。凭着惊人的天赋，尼特奇身兼数职，继续一边做民航飞行员一边越来越频繁地潜水。他重新安排了他的工作时间，重新看到了自己的进步，并且没那么频繁发生晕厥了。

晕厥的神话

晕厥是短暂的死亡。我们这么说吧：那是片刻地离开自我的状态。对于自由潜水员而言，这也是一种短暂的对自己丧失责任心的状态。他不仅会失去知觉，并且如果没有救生员将他拖到水面上，他可能会死掉。这些深水救生员会阻住他们的气道以免水浸入口腔。

可以说人类的生理非常强大，即便出现了晕厥，阻止水入侵的系统在一段时间内还是继续起作用的。

不同国家的人，不同运动性格、运动文化的人，同晕厥的关系也有所不同。

皮品，古巴人，喜欢通过媒体宣传他的晕厥。这具有将他的潜水活动英雄化的性质。他喜欢传播他晕厥的那些照片。每次他都起死回生，他是从海中墓穴中走出的拉撒路，加勒比海的耶稣，懂得如何用图片来庆祝他的“再生”。

与其相反，派蕾泽瑞就很克制，很谨慎，拒绝将自己的晕厥搬上荧屏。对于新西兰的特鲁布里奇和俄罗斯的莫查诺夫，晕厥是游戏的一部分。他们认为晕厥是退步，仅此而已。对于安格鲁萨克逊人以及俄罗斯人，重要的是能够忍受不舒服，不要停留在这种小困难上。

尼斯学派的“去戏剧化”

恰恰相反，尼斯学派却是带着敌意的眼光看待晕厥的。对于克罗德·沙布而言，重要的是走出这种致死的悲剧，走出绝对的追求，走出神化的表演。他看待事物基于两点：去戏剧化，还有好玩儿。所以他需要对晕厥敬而远之。

克罗德是 20 世纪 80 年代最早玩滑行运动的那群孩子中的一个。在冲浪、风帆冲浪、滑雪、山崖跳伞以及滑板运动中，都是使用方便利用的工具享受自然空间，重要的是寻找那种惊心动魄的感觉而非可以测量的成绩。

把这种理念用在潜水上使得开始一段时间里自由潜水被视为一种好玩的，集体的活动。结束《碧海蓝天》中的那种好战的态度，也不去搞什么海洋瑜伽哲学，避免那些将个人变为明星的歇斯底里的竞争。为此，克罗德发展了一种集体精神，鄙视冥想。他希望自由潜水只是一项对全世界开放的活动，一种没有危险的玩耍，一种没有那么多戏剧化的行为。因此他拒绝晕厥。对于他而言，应该从水中出来的时候嘴唇上挂着微笑，表情愉悦，是高兴的……

这种拒绝戏剧化导致他经常担心保证安全的程序。在他的逻辑中，潜水员同时也是航海者，要为自己负责。他认为自由潜水员要知道及时“折返”，知道管理自己的能力，要可以靠自己回升，就像一位船长在天气状况不好的时候，知道应该待在港口里；在风浪太大的时候懂得半路折返，不求助外界救援的情况下将船带回来。

我的晕厥经历

在 1 万次潜水中，我应该是晕厥过六七次。我将这几次晕厥的经历视为失败，不过对晕厥抱有如此消极看法的人并不是很多，我是其中一个。

14 岁那年，我刚刚开始在泳池里进行练习动态闭气，有一次从水中出来，我使劲儿朝泳池边游，强烈地想要碰到泳池的边沿，但是却根本看不到那边沿，还是和我一起游泳的小伙伴们把我拖出了水面。

然后，在 1997 年到 2004 年之间，每一次潜水我都平静地回升，没有出现过晕厥。出于坚定的信心，并且相信我年轻，一切都会对我微笑，所以一直相信晕厥不会发生在我身上，我永远不会经历那种软绵绵地坠入一种短暂的死亡中的感觉。

具有天生与众不同的新陈代谢生理优势？具备及时阻止晕厥发生保持在安全范围的能力？还是拒绝发生晕厥将其视为耻辱？不管在任何情况下，我都坚定地遵守尼斯学派的宗旨，我是它的第一个信徒，也是与其关系最紧密的实践者。

2004 年我在留尼旺。我寻求自主，我想要实现情感上、象征意义上的以及运动上的独立。我提出要尝试靠我自己，按照我的方式打破纪录，摆脱尼斯学派的禁锢。也正是这次，我病了，经历我人生中第一次真正意义上的晕厥。洛克嘲笑我说："你还想飞呢？却晕了……"

这次晕厥发生在一次训练的过程中。尽管我还有时间，但是我想很快地下落。这次经历刻骨铭心。五个星期之后，在一次正式的挑战中，我又一次发生了晕厥。我心情一落千丈，觉得我所有的努力、牺牲以及为了抵达世界的另一头所做的冒险，瞬间化为粉末了。

当天晚上，举办了早就定好的庆祝会，庆祝这次非常有把握的成功（但是失败了）。我借酒消愁，为了忘却烦恼我狂饮起来，发现挺容易的，喝醉了还真的什么都想不起来了。

第二天，洛克对我说："你没把自己喝死哈？这又不是世界末日。要是克罗德在，他会对你说啥？他会说：再潜一次！"

三天后我就再次潜水，并且成功了。酒精令我潜得更加轻盈，抛开了消极的想法。

2004 年到 2006 年间，我经历了五次晕厥。那段时间是一段充满自我怀疑和质疑的时期，每次都是在我达到极限或者进入到不熟悉的领域的时候发生晕厥。

从 2006 年开始，出现晕厥就比较少了，除了 2013 年我挑战水下 127 米纪录那次。

晕厥并不会让人感到痛苦，你不会有压迫感，并且看不到有东西来到。你会不知不觉地就到另一个世界去了。然后，你什么也想不起来。那就像是一个黑色的洞，你从中走出来的时候既没有梦幻也没有回忆。我记得一个叫萨拉·坎贝尔（Sarah Campbell）的英国人，她第一次晕厥醒来时嘴角上带着微笑，因为她做了一个甜美的梦。

另外，那天晚上，在酒吧里，没有人讲晕厥的事儿，而是对氮醉中出现的幻觉侃侃而谈，聊了一个晚上。如果我拍的电影名为《晕厥》而不是《氮醉》的话，我肯定不会有太多可以拍的东西。

我最深的一次晕厥发生在什么地方？水下 10 米，在尼斯。洛克和茱莉将我拖出了水面。他们是同我的心灵连接最为紧密的守护天使。

2012 年，在巴哈马群岛，我潜到了水下 123 米。我有机会再潜一次。我应该继续潜得更深吗？大家对我说："宣布挑战纪录吧，你会取得不错的成绩的。最糟糕的情况，也不过是发生晕厥。” 完全不可能的事情。我已经精疲力尽了，我决定不潜了，以一次成功结束这一赛季吧。

我不想冒险，希望可以呈现一张讨人喜欢的脸，而不想像那种独自一个人努力撑着的冠军表现得那么浮夸，在这些方面我是很像尼斯队的风格的。

放松

长久以来，我都认为晕厥是最失败的事情。

当一切都进展得太顺利的时候，我的压力也积累到了峰值。

我不允许我自己有失败的可能，尤其是如果在准备期间的潜水中一切都进展非常顺利的时候。我会对自己说：“你在训练时候都做得这么好了，绝不可以搞砸啊。”

这种压力的积累有时会引起失败，有的时候失败伴随着晕厥，有的时候没有发生晕厥，但是都是和初衷截然相反的。

最后，在 2009 年，我经历了非常混乱的一年：我已经接受了失败的可能性，接受了不可能控制一切的事实，接受了我可能会无理由地输掉比赛，辜负了信任我的人们的事实。

我作为家里的独子，曾经一度为了实现父辈对成功的期望而努力，以追求卓越为目标，而如今开始蔑视父母的愿望，对自己说，一切不过是游戏而已，你可以输，但是不能输掉那些爱你的人。

我的放松还不彻底，只要我参加比赛，我就永远不可能真正放松下来。但是我能够在我的耳边轻声对自己说："我赢？好极了！我输？也好极了。"

温柔的"桑巴（LMC）"

"桑巴"是轻微的晕厥，如果"水中的舞者"在到达水面的时候不乱阵脚，可以做出要求的手势，那么桑巴是令人愉快的，无害的。

发生"桑巴"时，你会微微颤抖，晃动，那焦躁不安的样子就像患了舞蹈病。你会部分地丧失对自身动作、反应以及习惯的控制。

发生"桑巴"时，你会感觉意识混沌，但是依然是可以开始自动掌控自己，做出规定的手势的。取下鼻夹，做出那个全世界通用的表示"一切都好"的手势，拇指和食指组成一个圆圈，这个圆圈的形状在 0 和心形之间，然后一边转向评委会，一边清晰地说出"我没事儿"。

我不怎么受"桑巴"的影响，除了在泳池中参加比赛的时候。但是因为情感上的原因，我挺喜欢"桑巴"这个词的。我第一次把茱莉抱在怀里，就是在尼斯的一次潜水中。她经历了"桑巴"，我作为救生员把她救了起来，她才没有发生危险。

太多的信任就等于不自信

我有一个不厌其烦地重复的咒语："太多的自信就等于不自信。" 我反复地同各个层次的人讲这个，和水平很高的我的同伴讲，和我培训的那些刚刚开始潜水的新手讲，当然也对我自己讲。

在跳伞的自由落体运动中，人们说："太多自信，反而危险。"这个就说得更加明白，更加准确了。跳伞运动的教练员们说："那些刚刚开始跳伞的人还没什么，那些跳过 3000 次的也不会出什么大事儿。最微妙的就是，那些已经非常在行的人，他们开始控制自己跳伞的过程，相信自己已经做到了，要超越极限，对自己的能力定位出现了偏差。"

空中运动和水下运动是一对孪生兄弟。这种相似性令我着迷，我想去探索它们之间的相似性，评估它们之间的差异。

我的跳伞经历发生在塔拉尔镇，靠近盖普镇的一边。我登上一架飞机，上升到 4000 米高处，都可以和勃朗峰打招呼了。但是当我想到要跃入空中，当跳伞的顺序已经确定，节奏快起来的时候，我的声调变了，开始害怕起来。

在飞机舱里，看着下面空荡荡的，我的脸都吓白了。轮到我的时候，我迟疑了，紧紧地攥着伞包带子，感觉全身都瘫痪了，我经历了片刻的"断片"，我都想不起来当时的情景了。我的教练们让我平静了下来，让我恢复了自我控制。最后我在他们的陪同下在飞机上站稳了。

自由落体阶段持续了 50 秒。这个过程短得可笑，却激烈得让人疯狂，你可以清晰地感受到一切，那么刺激。

我了解到要取得"伴随自由下落证书"（PAC）[①]需要跳七次。我倒是乐意去拿下这个证书，但是所有这些都非常贵，并且相当耗时间。

① 高空跳伞入门级证书——译者注。

当时我的最终目标是获得足够多的在这种新环境中的经验以便尝试低空跳伞，穿着跳伞服或者翼装的那种。如果不行，我就决定在水下飞行。

跳伞的短暂经历让我明白了冒险只有在同控制、掌握、主宰结合在一起的时候，它才是美好的，而不是在你抱着“完全放手”“非此即彼”“成功或成仁”的态度的时候。

过于自信？就是不自信，小心了。

我将这种哲学移植到我的日常生活中。当我骑着我的小摩托在马路杀手一般的小汽车之间兴高采烈地曲线滑行时，我的内部警戒系统就启动了。或者当我走在林间小路上时，我感到无忧无虑，抛掉了所有的困难和烦恼。夜晚来临，我看不见了，但是我继续赶路，享受着令人兴奋的成绩，然后在我心灵的深处有一束微弱的光开始闪烁，提示我谨慎，它告诫我如果不想扭伤脚而无法参加这个自由潜水赛季的比赛的话，我需放慢脚步。

这是初老的迹象吗？它会不会限制我的运动潜能？不会，只要我有潜水的愿望，我的意识就不会把我拉回来。

洛克的事故

2007 年冬天，洛克从前些年困扰他的生存危机中顺利地走了出来。他在个人的领悟能力上有所进步，去见了一个心理医生，又开始重新恋爱，开始忘记他所经历的那个郁闷的时期。

在体育方面，冬天，他开始研究古代潜水，制定严格的限制，并且回归那些大家认为已经被忘记的程序。他选择了一个古老的铸铁。他头朝下潜入水中，而事实上直立的情况下中耳平衡更容易。他戴上面罩，而事实上后来我们连眼镜都不戴了。他在出发之前没有做“鲤鱼吐泡泡”，而这种方法可以压缩空气。

对于他而言，重要的是面对被遗忘的感觉，重新找回那些已经消失的古代潜水者所使用的姿势，令自己的生活变得复杂以便之后生活得容易，先把“小船”装满以便之后轻松。

2007 年 4 月。冬去春来，洛克摆脱了这些障碍带给他的沉重，满足地继续头朝下下潜（这在无极限潜水中是比较罕见的）。我们感觉到他很为他的这些实验骄傲，他是那样的灵敏和训练有素。

我，作为救生队的成员，周六协助他进行最后一次训练，要潜到水下 165 米。一切都进展得非常顺利。回到了俱乐部，大家来来回回地搬东西，安置油桶，我们两个碰了个照面，他对我说：“我知道了一个非常重要的窍门。我应该告诉你。你一定会感兴趣的。”

在后台，他得意洋洋地喊道：“不管怎么样，我这周三都要尝试挑战 171 米。那些不能到场的人们可惜咯！”

人们鼓起掌来，然后就像鸟儿一样四散了，和往常一样。当暮色四合，大家都各自回到自己的家庭生活，社会生活，爱情生活中去了，对逝去的下午感到高兴，海风吹乱了他们的头发，身上带着一股海水的咸咸的味道，身心疲惫，同时又因团队中的兄弟友谊而感到温暖，大家彼此之间虽然有的时候互相嘲笑，但是却不乏关心；虽然互相戏弄，但是充满爱意。

那天下午，我给克里斯多夫·里昂纳尔（Christophe Lyonnard）打电话。他是救生队成员，还是长老理事会的什么成员，他和洛克聊得很多，关于洛克的情绪和进步。我给他讲了洛克的潜水，他的成功，还有他的欢乐。在挂断电话之前，我带着一丝不安跟他说出了心里话：我觉得洛克太自信了。我希望他可以去劝说洛克，让他不要过度热情。难道我预感到了什么？

接下来的周三，洛克又潜入水中。在上升期间，系统卡住了，平衡块和导绳搅在了一起，洛克被阻在了水下 85 米处。处于氮醉状态的他最后成功地脱身，这个过程持续了很长时间，非常长的时间，太长的时间。他试着自己想办法上来，在 30 米处陷入晕厥，最后被拖到船上，但是已经太晚了。他只活了 36 岁。

哀悼

2007 年 4 月 11 日，星期三。我坐在由纳沙泰尔开往巴塞尔的列车上。这是我平生第一次去钟表店见我的波尔表合作伙伴。我错过了洛克的训练，但是我想我得赚钱呐。

周一的时候我给他打了 5 分钟的电话，只是讨论了一会儿。他急急忙忙的，我感觉打扰了他一般，但是或许这是事后我的过度阐释吧。

周二，我给他发了条短信，祝他好运。

我在电脑上接到了和我住同一栋楼的负责安全的塞德里克打来的电话。他对我说：“洛克出事儿了，非常严重。”那一刻我多么希望洛克还活着，哪怕他是体力上不行了，或是残疾了都行啊。但是我很快明白没有任何希望了。

洛克死了。我的世界塌了。我整个人都崩溃了。一切都停止了。

我失去了身边的一位英雄，一位前辈，他让我们少年时代充满幻想，我们希望能像他一样，甚至超过他，我们在心底里暗暗地羞涩地崇拜着他，将他奉为神明。

我失去了一位大哥，他平易近人，和我心灵相通，照顾我，同时他已经成为我的一个朋友，我也可以支持他，安慰他，在他生病的时候照顾他。

我失去了一个潜水的伙伴，一位和我有默契并且可以给我指导的交谈对象，他是这个世界上为数不多的在水下和我有过同样的感受，可以回答我提出的问题，我也可以回答他的问题的人中的一个。

我失去了尼斯学派的代表，他象征着我们一直恪守的将潜水视为游戏的快乐哲学。

我失去了在安全方面的榜样，他一直坚守底线，拒绝接受潜水必然晕厥的逻辑，有些人喜欢冒险，喜欢在生命之线上走钢丝，他对此并不感到兴奋。

我到了纳沙泰尔。我如坠五里雾中。我对自己说我要停下来，但是不可能。我魂不守舍，如同幽灵一般。

我的波尔表日本合作伙伴，非常善解人意，很亲切，但是他们对待死亡的态度与我是不同的。他们不像西方人一样，他们要更加克制，更加疏离。

我告诉他们我得立马回尼斯，别无他法，我会尽量赶回来参加周末的沙龙闭幕式，但是无法保证。

我不知道我身在何处。我遇到了克里斯多夫。他哭得泪人一般，我也跟着哭了起来。

我妈妈经历了她一生中最强烈的感情冲击。熬了一夜守候在 16 频道的记者们知道出问题了。他们赶来。从中午 12 点开始，电视屏幕上就只有一条快讯。主播说：“我们刚刚了解到自由潜水世界冠军去世了……” 他停顿了一下，那一刻却如永恒般漫长。在尼斯有两位世界冠军。然后他继续说：“……是洛克·勒弗尔姆。”紧绷的弦一下子松了下来，随之而来的还有瞬间的恐惧。

在机场，我的朋友们都到了。他们围着我，我们一起上了车。我们去了洛克和瓦尔（Val）的家，他们家位于尼斯的高地上。我们一行 50 来个人，聚在他们家的露台上。我们悲痛不已。瓦尔准备了烧烤，照顾着每一个人，她完全融在了这样一种高度兴奋的气氛中。这令她暂时忘却了痛苦，让她远离了这场悲剧，她之后会完全意识到所发生的事情，但是这时的气氛把那个时刻向后推迟了。

我们听着吉他声，歌声，笑声，这里还有酒，有鞭炮。这本可以是个庆祝会的。这里也有突然而至的忧伤，突然流下的泪水，还有彼此的拥抱，这拥抱和性无关，只是刚刚痛失亲友的人们之间彼此的靠近，他们需要互相取暖，要紧紧地贴近另一个生命才可以安心地继续生存下去，尽管我们最终也会死去，但是尽可能让它晚点儿来吧。

一整晚一整晚的，如此持续了一个星期，我们回到位于高地的洛克的家，就像我们除此之外别无选择一样。我们聚在一起，吃东西，喝酒，唱歌，大笑，痛哭。每时每刻，我们都期待着可以看到洛克回来，他留着一头金色的长发，走起路来来回摇摆，带着一种微醺的航海家的气质，笑起来露出酒窝，多希望他回来，冲着我大喊一声："我回来了！一切都好！你们被我骗到了，是不是？"

到了举行葬礼的那天。他躺在棺材里。我都认不出他了。我自言自语道，这不是他，这不可能是他。我不敢碰他，不想靠近。在葬礼仪式上，克里斯多夫代表我们发言。在火化之后，我们穿着潜水服回到俱乐部。我们去了自由城（Villefranche）的锚地，将花环扔进海里。我们跳入水中，围成一个圈。克罗德下潜到水下 20 米处，将他的骨灰撒入了大海。

葬礼之后

洛克的葬礼之后几天，我们立即又去潜水了，在丽都岛，我们的地盘上，潜到和珊瑚洞穴的深度，水下 25 米处。克罗德督促着我们重新开始潜水，潜下去，什么都别想，也别犹豫。他有他的理由，因为没有别的事情可做了。

然而，我完全陷入了困惑之中，我犹豫着要不要继续做这一切。我继续潜水但是内心却极为不安，我的氮醉不太好，表明我的精神状态非常混乱。

我的成绩并没有太受影响。随后的一年里我以水下 113 米的成绩成功地创下了第四个世界纪录并且获得了世界冠军的称号。只是派蕾泽瑞，我的"劲敌"，成绩也不错。但是我没有真正为此感到高兴了。

要找回自信要走的路还长着呢。我用了两年的时间才摆脱了这种对未来的拷问。我到 2009 年才重新找到一种不同的平静，这种平静更加沉重，更加宽广，更加阴郁。

我需要时间来接受这种接任的重量，遗产的传承。洛克在的时候，他是经验丰富，从容轻松的船长。而我则是有前途的中尉，蒸蒸日上的年轻人，在前辈的关照下活力四射的淘气的小狗。这种分工让我感觉很适应。

曾经我和洛克是水平最高的。如今，只剩下我一个人了。并且这种到了成人的年纪，到了要开始承担责任的年纪，到了接近退役的年龄，真的很难以接受。

洛克的去世也帮助我摆脱了一种完全的法国思维，摆脱了对尼斯的依恋。

我向世界敞开怀抱，去别的地方潜水，我解放了。这有点儿像参加伊拉斯莫项目[①]那些年，令我开阔了眼界。

11

① 伊拉斯莫项目（The Erasmus Programme）是一项欧盟的学生交流项目，1987 年开始设立。

12

最后的极限（水下 10 米）

12

阿基米德，回归

我到了冲刺阶段。没有什么大事儿要做了。这是最后的几米了。我将一直紧绷着放在头顶以防波的双臂收回放在身体两侧，然后再摆动两三下脚蹼。为什么要停止这美妙的波浪形摆动呢，它已经成为了我的第二天性，并且在这场漫长的垂直旅程中它起到了推动的作用?

“阿基米德”又回来了。持久的巨大的浮力将我带到水面，如果你没有潜到足够深的地方，了解到希腊神话中留着大胡子的老头（指海神波塞冬，译者注）所管辖的不过是大洋的非常小的一部分，即海洋的上面部分，那么你无法察觉到那种面对巨大的浮力感到的脆弱的无所畏惧。

我瞄了一眼水面，确定了平台甲板所在的位置：浮出水面的时候面朝裁判们，以便可以在他们的注视下完成规定的程序是至关重要的。

在水下深处，我是没有方向感的。我完全地不确定地漂浮。

我不知道如何根据东南西北确定我的方位。我失去了判断力，以自身为中心随波逐流。我不知道我在北边，还是在正西边，靠近东边还是南边。

在比赛中我需要消耗体力，竭尽全力，并且要遵守相关的规则，防止出现身体不适。只有当我回到比赛的这个团体时，方向感才是重要的。

我瞥了一眼上面，留心即将到来的强光，它已经照得我眯起眼睛了。我寻找着裁判席的影子。为了以一个最佳的姿势出水，我重新调整了位置。

12

唯有这个时候我才可以稍微想想未来，暂时地离开当下，因为在此之前我如果想在水中自信而持久地潜水，我就必须全神贯注于当下。不可以沉湎于过去，也不可以去想未来。否则，当心咯……

吹气

在自由呼吸的时刻快要到来之时，我减少身体中氧气和二氧化碳的储备，清空了气肺。

起初，我出发的时候肺里的空气充得满满的。压力压缩了我的空气补给，发生了血液转移，保护我的肺部免于塌陷。

如今我到了上升过程的最后了，压力又减小了。血液和血浆离开肺壁，肺部恢复到之前的体积。此时要当心不要形成过度的余压，否则会引发水肿。随着水面越来越近，我时不时地释放几十毫升珍贵的空气，细小的气泡会慢慢悠悠地上升，消失在海洋的广阔中。

在最后 3 米处，我呼出身体里所有的空气。这会出现好多气泡，从我的头顶上升，在我之前朝着出口跑去，就好像我被关在了一个大香槟酒瓶子里，提前朝站在领奖台上的获奖者喷洒香槟。

如果我把空气完全吐出了，也是出于运动方面的原因，即当你到达终点区域时，你要争分夺秒，不需要再吐气了，就可以立刻吸气而无需吐气了。

拓展极限

在最后的时刻，我的视野中满满的都是脚蹼。有摄影师的脚蹼，留在水面的自由潜水员的脚蹼，还有我教练的脚蹼，他不能潜到水下，但是可以在终点区等候。

氮醉反应稳定了，但是依然没有明显消退。我还是晕乎乎的。训练的时候学的那些策略非常重要，实践这些策略可以令这个时刻成为最舒服的，可以令你没有那么容易摇晃，并且可以避免发生晕厥。

自由潜水是一项非常年轻的运动。这些在训练中使用的理论都很新，并且依然存在争议。威廉·特鲁布里奇认为，尤其需要注意的是除了自由潜水什么都别做：不要做心脏训练，也不要做耐力运动。而需要依靠做好身体的保健，要开始做瑜伽，锻炼肌肉，在泳池里不间断游泳，尤其要坚持不懈地潜到自己极限的深度。

我则支持派蕾泽瑞的看法，更加传统一些，虽然我一直在变。我认为在自由潜水中心脏要跳得慢，身体要在能量消耗低的情况下运行。所以要进行耐力训练，比如骑自行车，跑马拉松。

骑行、越野滑雪和游泳

很长时间以来，我主要是在海里练习自由潜水。我之前一周去五次，无论冬夏。如今，我去的频率低了。冬天，一周去一次；春秋，一周两次；在赛季或者夏天，我几乎每天都去。

后来，我锻炼身体所选择的项目是季节性的。我和雷米·杜博恩（Rémy Dubern）一起训练，他是我的陪练，和我一样也是法国 AIDA 成员。他不是很有经验，所以我每次训练他都跟着。我们结成对子，在想赖床的时候互相督促。冬天，我做越野滑雪，一周两次，我为这项运动做了很多的准备工作。除了在高

海拔处锻炼了肺活量之外，我还悉心地照顾我的整个身体，从头到脚，更不用说训练滑行的感觉了。

春天，我骑自行车锻炼，也是每周两次。我小时候就是个自行车运动迷。我继续从事这项重要的事业，骑着我儿时的自行车（我称它为我的“小女王”）在尼斯的内地到处跑。我就坐在一个固定的位置就锻炼了呼吸能力，一点也不痛苦，也不给大地造成压力，和慢跑不同。

全年，我都泡在泳池里，但是我并不喜欢这项泡在氯水中的运动。我在水平方向上练习闭气。我通过短距离游泳，50 米到 75 米之间吧（并且在两次之间不怎么换气），来提高我对二氧化碳的忍耐度，这有点儿像田径的分解训练。为了应对缺氧，降低氧气消耗，我进行长时间的闭气练习，游 120 米到 125 米，一般持续 2 分钟。

虚拟的肌肉锻炼，真实的痛苦

在健身房里，我试着再现我在自由潜水中所做的那些动作。

我和克里斯多夫一起做，他于 2012 年成为了我的健身教练。我试着跟他解释我的经历，我的感觉。从此之后，我们开始做这种仿真训练。

眼睛半闭着，我进入我自己的电子游戏中。我模仿并再现脚蹼的运动。

在健身房中，这看起来要更加剧烈，更加长久。虚拟训练比真实环境下的训练要求更高，因为没有潜水反射，也没有血液转移来减轻缺氧带来的不适。我更加清楚意识到这种必要的剧烈和所要投入的耐心，因为没有可以缓解这种感觉，令时间过得快一点儿的氮醉。

碱性饮食

我吃得很天然，很好，但是我并不会把目标定为以克为单位的精确的饮食规划，不会严格控制所吃食物的原产地，不会强迫自己做出妥协。我不肯去遵循那种可以让我保持身材健美的非常严格的食谱。我会允许自己做的有些差距，只要不需要在接下来的日子里为了这份对自己的宽容而付出节食的代价就行。

我有时候也会吃抹着蛋黄酱的甲壳类海鲜或者淌着油汁的披萨。我也不怕喝得头晕目眩，酒是很好的开胃小吃。尽管如此，这些是过节的时候的饮食，是例外，不是常规的。

日常生活中，我尽量多吃蔬菜，水果以及富含淀粉的食物。我试着去周围的市场买菜，购买当天的本地新鲜蔬菜。

我的饮食偏碱性，而不是偏酸性。我尽量不吃红肉，乳制品以及精制糖。我走到哪儿都带着柠檬汁，我喜欢吃大蒜，花椰菜，昆诺阿苋菜和欧芹。

在我个人的穆兹利[①]中，我在尼斯常吃的麦片粥中掺入干果，燕麦片，黄米，昆诺阿苋菜，葡萄干，枸杞，无花果干，几段香蕉。一碗粥中能量满满的。

与红肉相比，我更加喜欢吃白肉和鸡蛋。我已经停止吃乳制品了，有点儿像那种一旦断奶就不再食用乳制品的动物一样。

由于茱莉喜欢捕鱼，她喜欢用在海底战斗获得的“战利品”款待家人。她打到的鱼有鲷鱼，特别是有“地中海鱼王”之称的犬牙金枪鱼。犬牙金枪鱼是我的最爱，我见过的最漂亮的一只当时是在水下 38 米处的沉船中嬉戏，大概有 8 千克呢。

独特的食谱

我相信从你的饮食上可以看出你是一个什么样的人。饮食既是毒药也是解药。

有一次，我尝试一种食谱，为了看看它能否让我在运动中取得进步，能否让我恢复与自己的和谐相处。注意，我说的可不是那种减肥食谱，而是一种新型的饮食方式。那是 2009 年，我正处于自省阶段。我发现了巴尔雅韦尔，我开始反省我的生活，我的行为以及我的饮食。

我尝试赛纳雷（Seignalet）在他的书《饮食，或者第三种药物》中提出的食谱。为了治疗和预防各种疾病，尤其是那些

① 用燕麦片、其他谷物以及干果或新鲜水果块加以牛奶而制成的一种食品。

可以自身免疫的疾病，赛纳雷医生主张回归祖先的饮食方式。他认为，人体内的酶不能消化很多农作物食物，农业只有 1 万年历史。所以他提出一种主张：停止摄入引起过敏和发炎的食物，以免在身体内形成积垢。

他提出饮食六大原则：不摄入动物奶，不食用含有谷蛋白的现代谷物，不吃用超过 110 度的高温烹制的食物，食用天然绿色食物，摄入辅食。

我严格遵守这个饮食原则，坚持了三个月。我很容易地减了体重，但是我自己并不愿意减肥。我身高 185 厘米，通常体重 78 千克。可是践行了这个食谱之后，体重降到了 71 千克……

我睡得少了，精神很好，感觉身体充满力量，在登山的时候感觉健步如飞，如羚羊一般矫健。但是对自由潜水的表现影响不是很明显。

很快，我就开始践行一个略微宽松的食谱了，我坚持其中的一些原则，但是允许自己有一些原则做不到。慢慢地，我恢复到了平常的体重。但是这个经历给我留下了一份美妙的礼物，这份礼物改变了我的思维方式。我感到脑子更清醒了，身体更轻盈了。

和很多的运动员一样，我喜欢瘦一些，而不喜欢感觉身体重重的，但是当我看到海洋哺乳动物在冬季给身上贴上天然脂肪，作为抗寒的“潜水服”时，我心里为自己的胖感到安慰。

天然药物

我和药物有一种天然的关系。

我经常犯耳炎。我用柠檬汁治，将柠檬压在鼓膜上。

我用柚子籽的提取物来解酒。

不食用化学保健品的时候，我就吃螺旋藻。螺旋藻是一种淡水藻类，富含蛋白质、维生素和矿物质。姜可以用来解毒。芝麻盐，将芝麻捣碎加入盐制成，是最好的佐料。并且我增加摄入一些抗氧化的食物，因为潜水会产生很多自由基。我做什么菜都要加入初榨橄榄油。

我不喜欢药物，也不喜欢都市人的“宅”。机械化的现代社会导致了人的焦虑，而医学实验室发明出焦虑症这个词借此来卖抗抑郁药。

宗萨钦哲仁波切如此批评了处于过度压力下的西方：“人牺牲健康去赚钱，然后再拿钱来找回健康。因此他对未来非常担忧以至于无法享受当下，结果就是他过不好当下，也过不好未来。他活着就仿佛不会死去一样，他死去就仿佛从来没有活过一样。”

潜水服

自由潜水不需要太多的装备。我们不是一级方程式，也不是美国杯[①]，也不像凯旋门大奖赛[②]，马就是装备。

① 美国杯（La Coupe de l’America）是一项国际帆船比赛。

② 凯旋门大奖赛（Le Prix de l'Arc de Triomphe）是一项向三岁及以上的纯种马开放的一级平地马术比赛，全程 2400 米，在巴黎的布洛涅森林跑马场举行，通常是在 10 月的第一个星期日。奖金在 400 万欧元左右，使得这项比赛成为世界上奖项第三重的马术比赛，第二名是日本杯，第一名是迪拜世界杯。

但是，在潜水中，也是有一些因素可以稍微拓展你的极限的，至少可以安抚你的焦躁，这些焦躁有时是集中在技术细节上的。

理论上，我想穿着泳衣下潜，接近裸体，这样透气性好，皮肤可以和海水有直接的接触，海水从肌肤上划过，从头到脚冲刷着我，将我散乱的头发编成小辫，轻轻戳我的脚趾，让我感觉痒痒的。

但是没有人会穿着泳衣潜水，即便是在热带海域，下潜过程中感觉到的寒冷没有在地中海那么明显的情况下。事实上，自由潜水要求放慢整个身体的节奏。也就是说身体变冷，为了最低限度保暖，需要有个薄薄的保温层。

我穿的潜水服是 1.5 毫米的，是目前最薄的了。夏天或者在热带，穿这件潜水服下水足以保暖了。冬天，训练的时候，我会穿 7 毫米的橡胶潜水服。

但是在比赛中，浮力会引发困难，穿得越厚，浮力越大。如果说，从水下 50 米开始，水压会把衣服紧贴在身上，然而浮力依然存在，应该避免下落的时候潜水服里有空气，否则潜水服就会像降落伞一样给人一个向上托的力。

一件非常薄的分体式潜水服就足够了，里面穿或者不穿泳衣都可以。

克里斯之家（La maison Cressi）是一家专门经营潜水器材的意大利公司品牌，梅约 20 年间一直用他们的产品，派蕾泽瑞用了 18 年。我继他们之后使用这个名牌，为此感到骄傲。

单蹼

圣诞节期间，克罗德喜欢扮硬汉。看到他的一小拨儿信众继续下水，令他很满意。他就是想向那些吃栗子火鸡吃得肚皮圆滚滚的在圣诞树下打盹的资产阶级证明生活不仅仅是守着壁炉闭门不出。

冬季里的自由城锚地，没有了熙熙攘攘的游客，显得格外萧条，对于我们来说，仿佛整个锚地都归我们了，感觉非常奢侈。

12 我坚决和那些在冬天里无精打采窝着的人保持距离。每天早晨，不管天气冷不冷，我们都会下水，为可以证明我们的与众不同而感到高兴。

2000 年 1 月 1 日，我很高兴我去潜水了，在千禧之年的黎明，它的象征意义令我很高兴。这个经历用什么我都不换。我和克罗德的妻子德尔菲娜两个人一起携带铸铁下潜到水下 55 米。

在圣诞和新年之间的那段时间里，我还发现了单脚蹼的好处。此前，我一直用双脚蹼下潜，但是我已经达到极限，无法下潜得更深。我试着用单脚蹼，很快突破了瓶颈。我试了几次就在下潜深度上增加了 10 米。

从此以后，这个使用单脚蹼的独特的方法对于所有自由潜水运动员而言成为了必要。

我的第一个单脚蹼是 Guidone 牌的。制作商雷吉斯・圭多尼（Régis Guidone）是个有艺术气质的马赛人。他的脚蹼是一个一个做出来的，不是成批生产的，他会照顾他喜欢的人，宠爱令他开心的人，而忽略其他人。他可以面朝大海沉思上几个小时，只为从那天大海独特的蓝色所具有的细微的差别上寻找灵感来为他的单脚蹼上色。

为了最为有效地完成脚蹼的绘制，他会辨别海洋哺乳动物的姿态，想象这些姿态的连贯和谐的状态。圭多尼这个品牌也同样有从海牛的圆滚滚的尾巴形状到海豚的月牙形的尾巴形状变化的趋势，在生产类似鳐鱼三角形的尾巴上面加些加上凸纹的形状的脚蹼之后。海牛，鳐鱼，海豚是圭多尼单脚蹼的三个模型，在我青年的进步期里，它们陪伴了我。

如今，圭多尼已经远离这种手工活动了，不过鳐鱼尾巴形状的脚蹼依然很流行。

从此以后，我就用奥雷格（Oleg）家生产的脚蹼了，4 千克重的工艺精品。

奥雷格 · 普多夫(Oleg Pudov)是俄国人，定居马赛。他是蹼泳教练。他在自己家房子的地下室有个车间，首先他喜欢做个性化的单脚蹼。

我去拜访他时，我感觉有点儿像一个小提琴手来试用专属于他自己的乐器，其他任何人都不可以在上面拉上一曲。或者像《杀死比尔》中的乌玛 · 瑟曼（Uma Thurman）试一把按照她的身体、杀人的方式、根据她杀掉对手时刀子在空中划过的弧线所制造的刀……

目前的主要下潜都是穿像鞋子一样的鞋套，这样的鞋套可以延长单蹼的弯曲程度。这种鞋套都是定做的，它们已经获得了一定的硬度，并且采用水滴的形状以便可以更好地将身体的能量传递给蹼片。

鞋子状的鞋套都是用橡胶制成的，只是蹼片的材料徘徊在碳和玻璃纤维之间。碳制的反作用力大，有劲儿。特鲁布里奇和莫查诺夫喜欢碳制的。

玻璃纤维的则灵活性和韧性更好，并且节奏也更慢些……是我的最爱。

不管怎样，我不是特别在意装备。当有些人会有一车的五色斑斓的脚蹼排成一列时，我只有一副奥雷格脚蹼留作备用。

鼻夹

12

长久以来，我都戴着面镜下水。我认为在自由潜水过程中，要看四周，留心周围环境，为了让它不会对我太不利。而令我烦扰的是，你得通过鼻子呼吸来保持一个恒定的压力，避免玻璃面镜碎我一脸，眼睛从眼眶中掉出来。

我开始越过这个坎儿，不戴面镜下水的时候非常不适应，就像是攀岩的人在没有任何防护的情况下徒手攀登悬崖一样。

不戴面镜下潜，眼前一片模糊，让潜水变得更加脆弱。什么都看不清，我感觉非常迷茫。

我花了一段时间才适应了鼻夹，特别是适应看不清东西的状态。我感觉被抛到了乡村的沼泽地中，浓雾弥漫。

为了适应，我就抓住绳索。而当我摘掉面镜的时候，我失去了垂直方向的概念。借助绳索我就有了这种概念，我用一种感官代替另一种感官，用触觉代替视觉。

梅约曾经戴隐形眼镜，但是戴起来非常复杂，并且出问题的风险也比较大。有些人戴流体目镜，镜框充满了水，这样避免了眼皮上起皱纹，但是这依然是一种不信任环境的方法，而不是尝试着和环境融为一体。在深潜运动员中，我们几乎都用惯了鼻夹。只有斯坦帕尼克（Šte pánek）偶尔会抗拒使用鼻夹。

我的鼻夹是帕拉迪西亚（Paradisia）牌的，是和我一起骑自行车的一个朋友生产的。很多自由潜水运动员都用他生产的鼻夹。鼻夹是树脂的，夹子部分的垫子是海绵的。鼻夹的形状和理念都是标准的，并且使用寿命非常长，接近永远，只要你别让它顺着你的口袋上的洞漏出去丢掉的话。

和所有的自由潜水员一样，我一般都是把它挂在脖子上。这样，我可以在陆地上做自由潜水训练的时候用，可以在健身房里用，可以一步三跃地上楼的时候用。或者坐飞机的时候，我利用出现的增压（它可以复制高山的气压），在高海拔处做准备时使用鼻夹。

我在泳池里用的鼻夹是荧光蓝的，非常拉风。我在海里用的鼻夹是灰白色的，像一块动物的骸骨，像酋长朋友送的用于辟邪的护身符，还像鲨鱼的牙齿。

比赛中，在两次潜水之间，我会用一条细链子将它穿起来，挂在脖子上。所有的自由潜水员都这样做，就像是一种辨认标识一样，一种秘密社团的标记，他们拒绝承认属于其中的人鱼秘密社团的标记。

颈部配重

自由潜水员的脖子上戴着一个很滑稽的东西。它是在黑乎乎的屋子里做出来，里面有沙粒状的压载物。用背包带上的那种锁扣将它固定在脖子上。每个参赛选手都有自己佩戴这个铅制压载物的方式，就像一条项链似的，令重力的作用更加明显。

我戴的配重有 1 千克，和我 1.5 毫米的湿衣搭配在一起，可以令我在 25 米，30 米深处之后顺畅地自由落体。

有些人喜欢依靠自己的力量下落，不戴配重，这样他们在上升的时候就不会感到很重，所以他们的脖子上什么都不戴。其他的人借助于开始的加速度下落。而尼特奇（Nitsch），在下巴下挂上 2.5 千克的配重。我的选择处于这两者之间。

12

潜水电脑

潜水电脑是测高仪的孪生兄弟。在逐步提高微型化和计算能力后，测试仪变成了一个微型电脑，它可以存储数据，并可以在当地对这些数据进行再处理。我使用的潜水电脑是克里斯之家（Cressi）牌的。

我把它戴在手腕上，就像手表一样，但是在潜水过程中，我都不看它一次。在水下，我很相信我的感觉，很少出错。我只是到了陆地上的时候才会看看它。里面记录的数据非常清晰，可以将水下发生的情况一米一米，一秒一秒地再现出来。

我特别关注的定位之一就是下落 1 分钟之后所处的深度。如果在 68 米左右，潜水就会很顺利。如果拖拖拉拉才到 58 米左右，情况就有可能变得复杂，潜水的过程就会很长并且氮醉会比较厉害。

倒计时

在深潜之前五六个星期，我有点儿像要攀登珠穆朗玛峰的登山运动员。他得要慢慢地适应高海拔的环境，遵循步步为营的原则，偶尔向下走到不是那么高的位置休息或者缓解不利的低气压条件。

不管是向高处走还是向低处走，方法几乎都是一样的。唯一的不同就是：每天晚上，我会回到海平面上，然后在我自己的床上睡觉，而不像登山运动员需要露宿在山上。

重要的是适应深度，但是同时也要准备好身体要迎接同样是非常愉快的考验。我会增加拉伸横膈膜的训练，增强身体的柔韧度。

以下是我在克里特岛以 127 米挑战世界纪录之前的进步情况：

我从尼斯慢慢开始。从水下 70 米到 80 米、90 米、95 米、100 米、105 米。然后，我到了克里特岛，我开始追求：水下 110 米、再次 110 米、114 米、再次 114 米、118 米、121 米、124 米，最终 127 米，挑战 127 米深时我差点儿失败。

如果我尝试在没有任何准备的情况下潜 100 米深处，我可能会遭遇严重的干扰人的氮醉，严重的水肿，但是不一定会导致晕厥。

相反，如果在上升过程中突然出现晕厥，后果是严重的。几乎就要从零重新开始，就像重启电脑一样。

随着逐步下落，我的生命发生了缓慢的变化，得到净化，平静下来。我躲避到一个宁静而专注的领域。骑车的时候，我不再心烦气躁，我暂时忘却了眼下的问题和不开心的事情。我冒着引起家里人质问的风险远离，离开，这种离开只是我静静地专注于重要的事情，朝着宁静下落的一种方式，每两天来一次，就像这里是一片熟悉的领域，欢迎我的世界。

这个缓慢下落的阶段让我处于一种积极的动态中，令我欣喜若狂，并且令我不知不觉地陷入一种被控制的“鬼附体”一样的感觉中，我说到这种感觉就会引起朋友们的笑话。俱乐部里的朋友们会当面嘲笑我惊奇的感受和我流露出的那种无法控制的热情，以及我在水中感到的性高潮般的快感。他们会笑着说：“是啊，是啊，我也是，我要像内里那样，我要和大海做爱。”

重新定义极限

激起我挑战兴趣的，其实是最初经历的一次挫败。那是坐在校车的后面在一次看谁可以闭气时间最长的游戏中，我输了。

这次无关紧要的失败却促使我去做了一些后来证明是具有决定性意义的实验。我躺在床上，发现我的身体可以碰触到极限，甚至可以超越极限。

每次，我都意识到重要的不是超越极限，而是我拓展了这些似乎可以阻止我的极限，尤其是重新定义了它们，开发了我的潜能，并且勾画出我体能、智力、感知以及精神上新的图景。

13

第一口呼吸（浮出水面）

五官受到的冲击

浮出水面的时候体会到一种冲击。这种冲击并不是不愉快的，而是那种“结束了，终于……”的感觉。

不骗你们，我很高兴到达，到达终点，很高兴可以浮出水面。让我们结束人与海洋融为一体的神秘主义吧，忘掉那个和海豚兄弟相拥着消失在湛蓝色的海底的令人毛骨悚然的梦吧。《碧海蓝天》中的那种浪漫的神秘主义已经离我们远去了。

头露出水面，鼻子露出水面，张开嘴巴，首先感到的是感官上的冲击。

在自由潜水中，你会失去感官感觉。不管在什么情况下，尽管你不是自愿的，但是你的感知就是彻底变得非常枯燥。

触觉。在水下，你的身体碰不到皮肤，碰不到石头，碰不到毛茸茸的桃子，只能接触到一种环境：水。

味觉。在水下，嘴是紧闭，声门紧闭，耳鼻喉都处于紧闭状态。我们什么也不吃，不喝任何饮料，不咽唾液。甚至在充满咸咸海水的领域，也无法品尝到咸味。

嗅觉。空气不流通。鼻子是用鼻夹夹着的。在水下，我闻不到热乎乎的松甜的面包的味道，闻不到烘焙咖啡的味道，也闻不到夏威夷的鸡蛋花的味道，我也不能闻到含碘的海水的味道，沿海航行的船只喷出的柴油尾气的味道，以及背风群岛靠近的味道。

听觉。在水下，声音传播地很容易，但是你听到的声音是沉闷的，嗡嗡得震耳朵。

视觉。因为我不戴眼镜，在水下深处，我的视力减弱。我一边下落一边看着周围的颜色从深蓝色变为了黑色。

然后，我终于回到水面上了。阳光炫目，就像警察的探照灯突然照到了被抓到的小偷脸上那种感觉。夏日的纷繁令我眼花缭乱。耳朵刚刚恢复听觉，就被熙熙攘攘的人声震得有点儿疼，这些不和谐的声响突然很像戈达尔（Godard）电影中的电影声带。莫诺依精油的味道混杂着其他防晒霜的味道扑面而来，我的鼻孔中很快又充满了铝箔纸包着的食物散发出的诱人的香味，我离开水面到海底，到海浪间去寻找的咸咸的气味，却在浮出水面张开嘴的瞬间找到了。我在空中挥手，因为环境的变化，见到了阳光，感受到了融融的暖意，身体的每一个毛孔都兴奋不已。

闭气

回到水面上，我终于可以大口呼吸了，但是一旦吸饱了，一定要闭气一两秒。

在第一口呼吸和第一次闭气之后，我让空气从我的肺中排出，但是并不是完全清空。然后立即，再重新尽量大大地吸上一口将肺充满，然后再闭气。如此重复三次然后才可以重新开始正常的活动。潜水之前，要注意缓慢有节制地呼气。潜水之后，控制吸气是关键。

闭气可以避免可能会袭来的血压降低的感觉，有点儿像头朝下呆了好长时间的人突然站立起来那种感觉。

我们有点儿像那些绝食示威者，只能小口小口地吃，以避免呕吐和反胃。他们不能吃太多的炸牛排，而是需要首先吃绞碎的，简单的或者流体食物，以便让胃可以重新适应。

在终点区域，你可以听到教练，朋友们，还有观众朝着一个刚刚浮出水面还没有适应环境的选手大喊："呼吸！呼吸！呼吸！"这样以便鼓励他保持力量，不要放纵，不要陷入昏迷状态。

歼击机飞行员们将这样做出调整以忍受飞机飞行过程中的俯冲和盘旋，减缓加速度对他们的影响。

总之，在浮出水面之后，我控制呼气以便可以露出洁白的牙齿向面对着我的"海洋选美比赛的裁判"们微笑。

礼仪

潜水运动员在浮出水面这个阶段最基本的动作是超级系统化的。鉴于这个时候意识往往会变差，你需要以一种无意识的连续状态完成这些程序。

倒计时开始，会持续 15 秒，在此期间，重要的是证明一切安好，你神志清楚，你从蓝色的地狱回来，而那里不过是不好相处的人们的发明。

在水面，我将标记牌从右手换到左手，左手拉住导绳让我在水面上保持平衡。我用右手拿掉鼻夹，将右手的拇指和食指碰在一起朝着裁判们做出一个表示“一切都好”的通用手势。然后，我咽下唾液，清晰地用英语，这种霸权语言，说出那句类似“芝麻开门”的咒语：“我很好”。

评委们会非常仔细地查看所有的情况：在深处摘到标记牌的录像以及出水动作是否标准。然后，他们选择要举起的卡片的颜色：白色，表示完美；黄色，扣分；红色，淘汰。

恢复呼吸

自由潜水员的生活有一种讽刺的味道，我们要懂得去欣赏。

在出水的时候，任何运动员，探险家都希望可以和他的亲人和少数几个身边人分享他探险的快乐和失败的悲伤。

每个从那么深的水下回来的人都会想着打打水仗，和人们握握手，登上平台，然后躺下来晒晒太阳。可是，还不能马上做这些。

20 秒的庆祝之后，潜水运动员依然处于这种浑身发软的恍惚状态，就像是刚刚去月球上行走，刚刚回来那种感觉。但是他需要赶紧下来完成教练们建议完成恢复呼吸的减压阶段。

他要停在水下 5 米处，待上五六分钟，呼吸纯氧。

这是一个孤独自我分析的时刻，平静反省的时刻，回顾宁静，精神上逃离的时刻。

常常有人问自由潜水员："你做恢复呼吸了吗？"这个问题我被问过几千次了，我每次都会马上以同样冷静的态度回答："自由潜水中不存在恢复呼吸，因为我们在水下不呼吸。"

关于自由潜水中的分段呼吸阶段并没有科学根据。以防万一吧，以一种先驱者所体现的经验主义态度，我同意这种安全意识。为了防止出现不良反应，为了更好地恢复，我牺牲掉到达陆地上的最初的几分钟，继续回到水中做最后一次沉浸。

胎儿

自由潜水员浮出水面和婴儿出生的时候有着非常明显的相似性。虽然要避免过度阐释象征意义，但是我们可以比较二者之间的相似性，而不忽略其区别。

胎儿是两栖动物，它们的肺中充满水，在母亲的子宫中生长，他们不是鲨鱼宝宝，也不是非恒重自由潜水员。

考虑到他通过这个有点儿特别的就像水烟筒一样的我们称之为脐带的东西供应氧气和营养，他更像是个羊水中的潜水员。

在他降生到这个世界之时，婴儿从母体中出来，首先要吐出阻塞他气管中的水，然后吸入第一口空气，他的肺膨胀，适应新的环境，这些都令这个新生的婴儿感到不舒服，他就哭起来表达他的痛苦。他的啼哭却给父母带来了极大的喜悦，他们也开始激动地哭起来。

潜水也可以被视为回到子宫，尽管这种比较会造成误导。在母亲的肚子里，一切都好，无须等待，一切所需的东西都得到满足，温度也是适宜的，并且严格意义上说，除了享受时间的流逝日日长大，没有什么其他的事情要做。

在自由潜水中，你摆脱了时间，重力以及各种自然法则。之前，人们认为不呼吸就会死。然而，自由潜水证明，人可以忘掉呼吸，可以在感官上有了超级现代的体验之后，回到孤独的古代的状态，同时回到胎儿时那种与世隔绝的快乐的状态，这种状态是我们都曾经历过的。

自由潜水是人生的剖面图。不自觉的，你就回到起点，靠近地球的中心，回到大海的深处。你和切断呼吸的死亡会面。你潜入最深处，你会在混沌的中心看到一片漆黑。然后，你上升，从中逃脱。你回到水面，第一口呼吸就等于重生。

毫无疑问，二者有根本的区别，那就是，婴儿是出生，自由潜水员是重生。对于玛伊露的出生，我们选择了经典的在医院生产，而没有选择少数人选择的在水下生产。尤其是，我们没有理由将我们注定在海中生活的这种宿命，在女儿降生之日起就加到她的肩膀上。

她出生的时候，我在旁边，尽管很激动，但是依然没有手忙脚乱。我迎接我的女儿来到这个世界上，我把这个小小的东西握在手中，刚刚来到这个世界上的她有点儿颤抖，身体发青，有点儿皱巴巴的，非常软。我把她放在她妈妈的肚子上。她恢复了活力，咽了咽口水，好像是为了清嗓子一样，然后就发出了第一声啼哭。

致　　谢

非常感谢：

- 我的家人及朋友，感谢你们的爱；
- 自由潜水国际中心（CIPA）的全体队员以及尼斯的自由潜水运动员们自我开始潜水以来给予我的持续的支持；
- 世界自由潜水发展协会（AIDA 法国以及 AIDA 国际）对自由潜水事业在法国及全世界的发展所做出的贡献；
- 和我一起分享自由潜水的经历和独特感受的所有自由潜水员朋友们；
- 我的商业合作伙伴们，没有你们我不能活出如此的热情；
- 世界上最美丽的城市尼斯以及其位于山海之间的最棒的阿尔卑斯滨海省；
- 所有近距离或者远距离跟随我的探险活动，传递给我无限的能量的人们。

后　　记

小时候我在看七龙珠的时候就总在想自己其实也是个骨骼精奇身手不凡的人，只是还没有等到命里的师傅来点化我；

小时候我躺在户外水泥乒乓球台子上看着天上的云在头顶不停地转动变幻，总想着有天能飞上去和他们一样自由翱翔，随心变幻模样；

小时候我望着湖水，坚信除了鱼儿以外一定有一个琉璃屋顶的龙宫，还有龙王和龙王的三太子。

后来妈妈告诉我要用功读书，时间和书页在日光和灯盏间不断转换，镜片慢慢变厚了，心智却没有那么好奇了。偶然间我会问她什么时候可以到山那边看看，海那边看看；妈妈总是笑着说再等等，再等等，等你长大啦就可以自己去看了。

时空在转换，通讯科技越来越发达，印象里举着电话在胡同口喊隔壁王婶的日子还在昨天，而眼前身边的所有人好像都被一块会发光的屏幕绑架了。碎片化的信息充满了我们生活的每一个时刻和角落，让我不记得上一次完整地和朋友聊天，旅游，吃饭是在什么时候；小时候看云的场景就像梦一样只在梦里浮现，而那些天马行空的想法，也像梦一样被现实世界排挤在睡梦中虚幻地存在着。

再等等，再等等，我们许多的小小夙愿就在再等等当中悄无声息地消磨殆尽了。

我们常说耄耋老人有稚子之气，反而没有了成年人所应该有的沉稳端庄；殊不知稚子之气原本就是我们身体里最无法磨灭的赤子之心。在日常的生活中，每个人都顶着许多标签在生活："有些严厉的爸爸"，"工作很忙的儿子"，"条理清晰的上司"，"十年未见的大学同窗"，"邻座穿西装喝威士忌看起来颇有魅力的男人"；我们用沉稳老练小心翼翼地包裹着自己的赤子之心，那一层层包裹，可能是车子房子和票子，还有你的职位够不够高，老婆够不够漂亮，孩子是不是可人懂事；有时候这些包裹让每个人看起来都是模拟城市中的一个个复刻版的无脸人，他们活着却已经死了，他们还在行走却还没有埋。

做一个活着且还没有死去的人，到底有多难？承认自己像个孩子努力去实现天马行空的想法有多难？在那么多的人生性格中，毫不掩喻地散发稚气与赤子之气有多难？遵从内心地表达自己的情绪，放声地笑无忌地哭有多难？

在没有找到自由潜水前，很多人像我一样带着这些疑问艰难地活着，努力地让自己看起来过得有意义，看起来和别人不同。直到有一天当我敲开了海底 5 米处那扇湛蓝的大门，久别游子终归家，一切都是那么的自然。

我真正在水下实现了儿时在云中漫步的画面；

我把那几年被借口"再等等"的目的地排进了两年内的旅行日程；

我终于逃开了所有发光的屏幕，在水下用 6 分钟的时间只和自己相处、对话、探索自己；

我觉得在北京这个偌大的“虚拟城市”中，我不再是一个无脸人，自己的脸谱越来越清晰，自己的心跳越来越有意义；

我开始毫不掩饰地开怀大笑，不在意与大笑同样活跃的皱纹；

我终于觉得我还活着，或者说我又活了一回。

无论多大，每个人心里都有一个孩子和彩色的梦想；我的梦想是从 30 岁开始的：这个梦是蓝色的，在梦里人们都不穿衣服，长着鲸鱼一样的尾巴，轻轻一挥尾鳍就能飞上天去；人们出生的时候从世界的一边出发，挥动尾巴越过高山河流，向海的方向飞去；海倒挂在天边，随着年岁的增加尾鳍也变得孔武有力，人们逆风而上飞到海中，在那里进入极乐世界。

我曾在视频网站上看到，Néry 是这样一个寻梦的人；在他自己的视频中，他不仅是渊中鱼，是云中雀，是垂天云，是滔中舟。脑海中所有想象出的画面自由潜水都帮助他一一呈现。

自由潜水像是一剂毒药，却也像一剂良药，放大所有的感知，让我明白生命的意义在于全情投入，每一秒都义无反顾，每一刻都激动人心，每一天都放胆去活，这才算是来个，爱过，活过。

有许多人把自由潜水归为极限运动，有人把自由潜水的世界冠军视为大神，但其实自由潜水的能力深深地扎根在我们的 DNA 中，那是我们的祖先在尚未从海洋走向陆地的岁月中积攒和进化出的能力。这样的能力每个人都有，只要参加自由潜水课程，轻轻拨动身体中的几个开关，每个人都能够成为休闲级的自由潜水员。由于自由潜水是用人类的身体在下潜，自由潜水的课程中都会涉及大量物理学和生理学的内容，和在视频、图片上展示出的样子非常不一样；在这本书中，Nery 通过自由的笔法告诉你自由潜水是什么。接下来就让我们一起屏息进入他的那个蓝色的梦。

MATTYMAN

2016 年 10 月

2016 年 9 月，两年一届的 AIDA 自由潜水团体世锦赛在希腊举办，由 4 名运动员组成的中国队首次亮相该赛事，而开幕式第一个出场，却是意外之喜。在这个欧洲国家统治多年的极限运动里，所有人怀着好奇的目光，迫不及待想看看中国人的表现到底怎样。

在这个比赛之前，运动员需要经过两站国内赛事的选拔，我们把泳池赛放在了首都北京，深度赛则是在巴厘岛。北京历来都是国内自由潜水运动最活跃的城市之一，4 年以前，我和另外几个小伙伴开始在家附近的游泳馆带着专业脚蹼进行训练，起初我们只是简单的玩耍而已，但这却是中国自由潜水训练最早的形式。后来参与的人越来越多，一直到发展成现在一个数百人的小型俱乐部，俱乐部的事务由专人管理，从安全守则到训练的方法，而这些的背后，少不了所有自由潜水员的无偿贡献。

2016 年 4 月，我在巴哈马参加一年一度的 VB 蓝洞深度挑战赛，在那里我遇到了现任 AIDA 国际自由潜水协会的主席 Carla，我们交谈了关于这项运动在国际上的发展趋势和它在中国的现状，她称赞我们在刚开始的时候善于学习和借鉴国外俱乐部的成功经验，并希望我们能够尽快组织国家级的赛事来进一步推进这项运动在国内的发展。而回国之后，在时任国际自由潜水协会秘书长王薪童的帮助下，AIDA 中国成功申请成为了正式会员，我们也马不停蹄地开始筹备两站赛事。

一切发展的就是这样顺利，从一开始简单的玩耍，到进行专业训练并代表自己的国家参加世锦赛，AIDA 中国将继续努力推动这项运动在中国的发展，培养更多优秀的运动员代表中国出战世界级赛事。

理事会成员

会长—王奥林

秘书长—王薪童

财务官—杨晓曼

技术官—韩宝权

运动官—牧　野

2016 年自由潜水世界锦标赛 中国代表队首次出赛 运动员从左至右依次为王奥林、杨晓曼、陆文婕、杨光

界拓自由潜水学院水下摄影作品 墨西哥

2015 年 11 月 8 日 AIDA 中国成立

界拓自由潜水学院水下摄影作品 墨西哥

界拓自由潜水学院大师班（Alexey Molchanov and Natalia Molchanova）

界拓自由潜水学院水下
摄影作品 墨西哥

AIDA 自由潜水教练班（Aharon Solomons）
摄于战略合作伙伴北京静潜私属潜水中心

界拓自由潜水学院水下摄影作品 墨西哥

界拓自由潜水学院大师班（William Trubridge）

界拓自由潜水学院水下
摄影作品 墨西哥

AIDA 国际自由潜水裁判班

图书在版编目（CIP）数据

勇往直潜：Nery 自由潜水的极限生活体验 /
(法)纪尧姆·内里（Guillaume Nery）著；杨森译.
—北京：海洋出版社，2016.10（2017.1 重印）
书名原文：Profondeurs
ISBN 978-7-5027-9595-5
Ⅰ. ①勇… Ⅱ. ①纪… ②杨… Ⅲ. ①潜水运动 Ⅳ. ①G861.5

中国版本图书馆 CIP 数据核字(2016)第 253411 号

原　　著：[法] 纪尧姆·内里（Guillaume Néry）
合　　作：[法] 吕克·勒瓦杨（Luc Le Vaillant）
翻　　译：杨　森
责任编辑：赵　武　黄新峰
排　　版：海洋计算机图书输出中心　晓阳
责任印制：赵麟苏

出版发行：海洋出版社

地　　址：北京市海淀区大慧寺路 8 号（716 室）
100081
技术支持：（010）62100052
发 行 部：（010）62132549（传真）（010）62173651
（010）62100077（邮购）（010）68038093
网　　址：www.oceanpress.com.cn
承　　印：北京朝阳印刷厂有限责任公司
版　　次：2016 年 10 月第 1 版
2017 年 1 月第 2 次印刷
开　　本：787mm×1092mm　1/16
印　　张：15.5
字　　数：200 千字
印　　数：2001～3000 册
定　　价：68.00 元